IDOLATRIA DIGITAL

A INVASÃO DA TECNOLOGIA E O FIM DA LIBERDADE

PAULO R. A. PACHECO

IDOLATRIA DIGITAL

A INVASÃO DA TECNOLOGIA E O FIM DA LIBERDADE

Amarilys

Editora: Sônia Midori Fujiyoshi
Projeto gráfico: Departamento Editorial da Editora Manole
Diagramação: Deborah Takaishi
Capa e imagem da capa: Iuri Guião

CIP-BRASIL. CATALOGAÇÃO NA PUBLICAÇÃO
SINDICATO NACIONAL DOS EDITORES DE LIVROS, RJ

P121i

Pacheco, Paulo R. A.
Idolatria digital : a invasão da tecnologia e o fim da liberdade / Paulo R. A. Pacheco. - 1. ed. - Barueri [SP] : Amarilys, 2025.

Inclui bibliografia
ISBN 9788520470756

1. Redes sociais on-line. 2. Internet - Aspectos sociais. 3. Internet - Aspectos psicológicos. I. Título.

CDD: 302.32
25-100264.2 CDU: 316.472.4

Carla Rosa Martins Gonçalves - Bibliotecária - CRB-7/4782

Edição – 2025

Editora Manole Ltda.
Alameda Rio Negro, 967 – cj 717
Alphaville – Barueri – SP
CEP 06454-000
Fone: (11) 4196-6000
www.manole.com.br | https://atendimento.manole.com.br/

Impresso no Brasil
Printed in Brazil

Sobre o autor

Paulo Pacheco é psicólogo clínico, doutor pela Universidade de São Paulo, com estágio de pesquisa na École des Hautes Études en Sciences Sociales (Paris) e pós-doutorado na Universidade Estadual de Campinas (Unicamp). Atua como psicoterapeuta, professor e formador de profissionais da saúde mental. É autor de *Regras do amor* e *O mínimo sobre psicologia,* além de organizador da plataforma formativa "A Trilha". Este livro reúne parte de sua crítica mais profunda à cultura digital contemporânea.

À Renata, minha esposa, e aos nossos filhos – Francisco, João e Clara –, minha realidade mais verdadeira.

E a Luigi Giussani, cuja presença provocadora e paterna me acompanha.

Agradecimentos

Escrever este livro foi, para mim, uma forma de resistir – resistir à confusão das linguagens, à colonização da consciência, à tentação de ceder à imagem em detrimento da realidade. Foi também uma forma de reconciliação, com a minha história e vocação. Por isso, agradeço antes de tudo àqueles cuja presença me recorda, todos os dias, que a vida não é um produto a ser vendido, mas um dom a ser acolhido e transmitido.

À Renata, minha esposa, que partilha comigo o peso e a graça de construir uma história verdadeira. Aos nossos filhos – Francisco, João e Clara –, por me ensinarem, com a cotidianidade de sua presença, que o sentido se mostra na carne e na vida de todo dia.

A Don Gius, *in memoriam*, que, há décadas, me sustenta com seu olhar, e que é o coração deste livro. Não escrevi para repetir suas palavras, mas para testemunhar como elas continuam gerando realidade em mim.

A Alberto Soares, caro amigo, por ter acreditado que era possível existir sem capitular às regras do mercado, e por ter me ajudado a não confundir autenticidade com isolamento.

Aos meus alunos, supervisionandos, seguidores e leitores, cujas perguntas me obrigam a pensar com mais honestidade; e aos meus pacientes, que sem saber são coautores silenciosos de cada uma destas linhas.

Aos editores da Manole, por acolherem este projeto com respeito à sua integridade.

E, por fim, não posso deixar de dizer: "*non nobis, Domine, sed nomini Tuo da gloriam*".

Sumário

Prefácio

Existem livros, e portanto autores, que têm o dom de nos fazer um dos presentes mais importantes para a nossa vida, ou seja, o de nos dotar das palavras e dos conceitos para exprimir aquilo que há tempos sentíamos, pressentíamos, mas que não conseguíamos expressar de forma acabada, justamente porque nos faltava "algo". Para poder ser elaborada, uma experiência deve, antes de tudo, ser narrada. Pois bem, para poder compreender a fundo o que estamos vivendo depois – e por causa – dos novos meios de influência digital, temos necessidade de algumas ajudas que nos permitam dizer o que sentimos, o que vemos, para então pensarmos sobre isso e elaborarmos uma resposta adequada.

Este livro do Prof. Pacheco nos presta esse serviço. Certamente, tal serviço é oferecido, normalmente, pela grande literatura, a qual, graças ao seu infinito número de "esquemas de vida possíveis", como diria Olavo de Carvalho, permite um refinamento do nosso senso da realidade. Mas no caso dos meios de influência digital (e peço ao leitor que note que pela segunda vez não estou usando a palavra *comunicação*, mas *influência*: e, se ler este livro, compreenderá por quê) falta algo que só uma feliz convergência de competências na pessoa do Prof. Pacheco nos pode oferecer. Refiro-me à dimensão psicológica do problema. Quando o leitor inicia este livro, pode ter a impressão de que Pacheco se dirige aos profissionais de sua área, alertando-os contra certas promessas de terapias milagrosas ao estilo TikTok ou Instagram, que se traduzem em ofertas de cursos caros, no melhor dos casos quase inúteis, no pior (e frequentemente) danosos. Mas, avançando na leitura destas páginas, nos deparamos com algo mais complexo, que diz respeito a todos nós.

Quem quer que possua um mínimo de sensibilidade crítica – consciente ou não, refletida ou intuitiva – terá percebido que um dos meios mais antigos de manipulação é o uso da palavra. Por meio da palavra podemos influenciar quem nos escuta, podemos enganá-lo, podemos conduzi-lo para onde nosso interesse desejar. Quando os meios se tornaram de "comunicação de massa" – primeiro a imprensa, depois a televisão, depois a internet e hoje as redes sociais – a questão se tornou cada vez mais complexa. Graças ao desenvolvimento das ciências humanas e da psicologia, nos demos conta de que essas manipulações agiam no nível psicológico, mas criando também estados cognitivos frequentemente alterados, que, embora não impedindo a vida "normal" por delírios ou alucinações psicóticas, levavam, no entanto, as pessoas a agir em conjunto segundo um comportamento desejado por alguém (Estado, organizações supranacionais, *lobbies* etc.). Mas por quê? O que está acontecendo? Em que se baseiam esses mecanismos? E, sobretudo, o que podemos fazer?

Eis o valor precioso deste livro do Prof. Pacheco. Sua profissão de psicoterapeuta unida a uma não comum sensibilidade literária e histórica (eis a feliz convergência à qual aludia acima) o torna capaz, ao mesmo tempo, de ser rigoroso e claríssimo em sua exposição. Conduz-nos pela mão, verdadeiro *cheiragogo*, para dentro do problema, descreve-o, ajuda-nos a compreender seus mecanismos; mas, junto a isso, nos mostra o caminho da saída. Não nos promete atalhos, não nos ilude de que será fácil, não faz descontos sobre o empenho que cada um de nós deve colocar em campo para poder contrastar um sistema inteiro. Um sistema que, por meio da contínua e planejada confusão entre verdadeiro e falso, quer nos manter constantemente na ansiedade e no medo por alguma emergência (sanitária, ambiental, geopolítica) e, assim, com um uso sábio da mentira – sábio e diabólico, não esqueçamos nunca de quem ela é filha (Jo 8,44) –, levar-nos a fazer o que o poder deseja.

Não repetirei aqui a análise do Prof. Pacheco, também porque, e isso é algo tão raro, ele é de uma clareza extraordinária, sem jamais ser banal ou simplista. É essa bendita convergência de competências que possui que lhe torna tudo assim fácil. Gostaria, em vez disso, de retomar a parte para mim mais extraordinária, aquela que me foi, ao mesmo tempo, a mais surpreendente e a mais óbvia.

Quando o Prof. Pacheco me ofereceu a honra de escrever este prefácio, deixou escapar uma frase, quase sussurrada: "gostaria também porque o senhor é jesuíta". No momento não dei muito peso à coisa. Sabia dos estudos sobre a história da Companhia de Jesus de Pacheco, de seu doutorado sobre os jesuítas, mas pensei em um simples gesto de cordial afeto para com a minha Ordem. Mas depois cheguei ao incrível capítulo 6 do livro...

Dizia que foi para mim surpreendente e óbvio ao mesmo tempo. Surpreendente, porque não esperava que Pacheco indicasse naquele que é o esqueleto principal da espiritualidade inaciana um dos meios principais, se não o melhor, para criar e manter aquela ordem pessoal interior, diria Voegelin, sem a qual não saberíamos reconhecer, em um tempo de desordem, a desordem exterior, trocando caminhos de declínio por caminhos de progresso, com consequências desastrosas. Mas também óbvio, porque é ar de família, porque reconheci, nas descrições do Prof. Pacheco, Inácio de Loyola, sua experiência, suas intuições fundamentais.

Voltemos por um instante ao século XVI. Imaginemos o momento em que Inácio envia, por exemplo, Francisco Xavier às Índias. Dá-lhe instruções genéricas, porque não conhece o lugar. Não poderão se falar frequentemente para esclarecer dúvidas, receber pareceres, eventualmente corrigir o rumo se algo não correr como previsto. Em que consiste toda a confiança que Inácio, no entanto, tem em Xavier? No fato de que Xavier fez os *Exercícios Espirituais*, aprendeu o discernimento, tem bem claro diante de si o Princípio e Fundamento (EE 23), e Inácio *sabe bem* que Xavier, diante de cada novo desafio, de cada exigência da realidade que o desafiará a reconsiderar sua missão recebida, o fará colocando-se à escuta da vontade de Deus, que logo colocará em prática assim que se tiver tornado clara em seu coração. Depois da Índia, parte para o Japão, mas percebe que as pessoas respondem sempre: "Se esse teu Deus fosse verdadeiro, os chineses o teriam conhecido". Então compreende que, para ter sucesso no Japão, deve primeiro converter a China. E por isso faz de tudo para ir até lá, onde, como sabemos, jamais chegará, morrendo em um rochedo diante do Império Celeste, exausto. Para nós, seu raciocínio pode parecer simplista, mas não tem falha alguma para um coração que vê apenas a maior glória de Deus e a salvação das almas como valor acima do próprio conforto e das próprias satisfações. "Estar radicado em Cristo torna possível o inimaginável." (Leão XIV)

Outro digno filho de Inácio, Bernard Lonergan SJ (1904-1984), aplicou em seu método os mesmos princípios. Não é preciso ter medo de nada. Em tudo se deve ser atento aos dados disponíveis – sem excluir aqueles contra nós, aqueles incômodos, aqueles devidos a algum viés pessoal ou grupal; inteligentes ao buscar neles algum esquema de inteligibilidade até a formulação de possíveis *insights*; razoáveis ao avaliar a probabilidade daquilo que parece ter sido compreendido; e responsáveis ao agir em consequência, seguindo os próprios valores e não as próprias necessidades, ganhos – pessoais ou grupais – nem as necessidades ditadas por suas próprias dependências afetivas.

O que há em comum? Aquilo que o Prof. Pacheco identificou de modo tão cirúrgico: o exercício pleno da própria liberdade enquanto alinhamento desta com a vontade de Deus. E como se encontra a vontade de Deus? No contínuo saber ler a Sua presença na nossa vida (*Exercícios Espirituais*) graças a um contínuo treino cotidiano (a oração do Exame), aprendendo a discernir a voz de Deus, a do inimigo e aquela que vem das nossas paixões e limites, a voz da carne, como entendida biblicamente pelo termo *basar*.

Também o último capítulo tem um perfume maravilhosamente inaciano, quase como um prolongamento do extraordinário capítulo 6. Chamadas à busca da verdade, sempre e de todo modo, custe o que custar; o primado da interioridade; a busca do verdadeiro em pequenas comunidades reais onde se encontrar e viver gestos simples em contato com a natureza: Łobaczewski, por exemplo, dizia que os passeios dominicais nos bosques eram momentos fundamentais para "romper o encantamento" dos doutrinamentos obrigatórios recebidos durante a semana na faculdade; mas sobretudo desenvolver a educação à crítica, conceito tão caro a Giussani, não entendida como contestar tudo e sempre sem noção de causa, como ao contrário foi inculcado nas mentes dos jovens pelos adeptos da dialética do negativo (lembremos como, em Goethe, se apresenta Mefistófeles a Fausto: *Ich bin der Geist, der stets verneint!* Eu sou o espírito que sempre nega!); mas "crítica como capacidade de dar-se a razão das coisas, de interrogar a experiência, de não se deixar enganar pelas aparências".

Caro leitor, tens entre as mãos um livro urgente, necessário, contundente, mas confortador. Impiedoso no diagnóstico, mas que abre o coração à esperança de cura, desde que se levem a sério ambas as coisas: o diagnóstico e a cura, com seus custos e o empenho que requerem. Mas é o mínimo para que, como teria dito Ortega y Gasset, possamos ser encontrados à altura dos nossos tempos.

Massimo Pampaloni S.J.

Pe. Massimo é um sacerdote jesuíta italiano, doutor em Teologia Dogmática e professor da Pontifícia Universidade Gregoriana, em Roma, onde leciona Teologia Dogmática e Patrística. Consultor do Dicastério para a Causa dos Santos, dedica-se ao estudo da espiritualidade inaciana e da história da Igreja. É autor de diversas publicações nas áreas de Teologia, Espiritualidade e História do Cristianismo.

INTRODUÇÃO

A idolatria digital no século XXI

> Há, de fato, pessoas que desejam saber unicamente para saber: curiosidade indigna. E há outras que querem conhecer para, elas mesmas, serem conhecidas: vaidade indigna. Essas não escaparão dos escárnios do poeta satírico que dizia a indivíduos dessa espécie: "Para ti, saber nada é, se outro não sabe que tu sabes". Há ainda aqueles que buscam saber para comercializar seu conhecimento, por exemplo, para dele extrair dinheiro ou honrarias: proveito indigno. Mas há também quem queira saber para edificar: isso é caridade. Finalmente, há os que procuram saber para serem edificados: isso é prudência[1].
>
> São Bernardo de Claraval

Vivemos em uma época na qual a tecnologia permeia praticamente todos os âmbitos da vida humana. As redes sociais, em particular, assumiram papel central como arenas de interação, comunicação e

---

1 Essa mesma discussão é apresentada por Santo Tomás de Aquino, na sua *Suma Teológica* (II-II, q. 167, art. 1). Cf. Aquino, 2016.

construção de identidade. Embora muitas vezes exaltadas por promoverem conexões entre pessoas em todo o mundo e oferecerem plataformas para expressão pessoal, essas ferramentas também trouxeram à tona modos de agir, de se relacionar, de estar no mundo profundamente problemáticos, exigindo uma compreensão crítica e vigilante. Entre as novidades dessa estruturação diversa das interações humanas, há uma que quase não é discutida e ainda menos compreendida: é a manipulação da linguagem por profissionais que se apresentam como *guardiões da saúde mental* no ambiente digital.

Para entender esse fenômeno, é necessário um esforço mínimo de clareza conceitual. Nos ensaios que se seguem, leitor, pretendo compor um quadro analítico, iluminando aquilo que chamo de *idolatria digital* – cuja principal causação, segundo penso, está ligada à maldade.

Como a maldade pode ser a causa de algo tão sofisticado como a idolatria digital? Nesta introdução, desejo provocar sua reflexão sobre essa primeira e mais fundamental problemática. E vou me aproveitar de um tema que, aliás, se tornou um dos produtos mais rentáveis de grande parte dos que se definem os novos arautos da saúde mental: a maturidade.*

Segundo penso, a maldade afunda raízes no terreno da imaturidade. E a idolatria também só se mantém de pé sobre esse solo. Basta lembrar que o imaturo despreza o bem, perverte seu trabalho, não age

* O termo *imaturo* vem do latim *immaturus*, formado pelo prefixo *in-* (negação) e *maturus* ("maduro, no tempo adequado"). Significa, portanto, "não maduro", "fora do tempo certo", não implicando recusa ativa de amadurecer. Essa interpretação, por vezes útil no plano existencial ou clínico, é já uma releitura contemporânea, e não se trata da etimologia estrita. Importa distinguir: a imaturidade natural (por exemplo, de uma criança) não comporta culpa; mas, quando persistente no adulto, pode indicar uma resistência à exigência do amadurecimento. Convém ainda não confundir *immaturus* com *amator* (que, originalmente, vem do sentido de "amante", derivado de *amare*), nem com *amador* ("quem pratica por amor", em português): embora semelhantes na forma, têm origem diversa. Essa diferença, porém, permite uma reflexão fecunda: o *amator* ou *amador* pode amar de modo ainda desordenado ou sem técnica; apenas o *maturus* é capaz de amar com medida e responsabilidade.

com justiça nem de acordo com a compaixão e a misericórdia, e não aprende da própria experiência[2]. Diante dessa descrição, é fácil que se diga: isto não é prerrogativa exclusiva do imaturo. Isto é a própria imoralidade traduzida em palavras. E eu voltaria à baila com a simples lembrança de que o imoral é aquele que se comporta de modo tal que, entre aquilo que diz de si e de seus valores e a forma como age, há não apenas uma distância abissal, mas uma contradição[3]. E lembraria também que, se a maturidade coincide com tender a ser plenamente aquilo que se deve ser, e a pessoa opta por não o ser – conformando-se a uma imagem ou assumindo uma posição definida de forma totalitária (ainda que edulcorada) –, ela está sendo imatura.

É preciso corrigir uma possível objeção que ainda surja em você, leitor: nos termos usados, parece que estou imputando a imaturidade como padrão comportamental apenas do maldoso manipulador. "Mas, não seria, antes, culpa da imaturidade do sectário, que age de forma impensada?" Respondo a essa objeção lembrando um adágio evangélico: "o pior cego é o que não quer ver"[4]. Sendo ligada à autoconsciência, a verdadeira maturidade deveria vir acompanhada de uma atenção aos próprios vícios e desvios, corrigindo-os e não incorrendo mais neles, mesmo e sobretudo se isso ocorrer como resultado de uma estratégia pensada. Sim, o pior imaturo, neste caso, é o que se nega a amadurecer e agir como tal.

Todavia, seria simplista afirmar que tudo se explica por essa lógica. Esse é precisamente o tipo de argumento rudimentar que os influenciadores digitais manipulam a seu favor: uma linguagem simplificada, com *slogans* chamativos e verdades fáceis. A questão fundamental, aqui, porém, não é a maturidade em si, mas a liberdade. A maldade começa quando há a negação da liberdade – tanto a própria

---

2 Cf. Cifuentes, 2015, e Marías, 2021.
3 Cf., a respeito do assunto "moralidade", Giussani, 2009, p. 45-58.
4 Cf. Jo 9.

quanto a do outro, a quem se manipula. A pessoa má não ouve o Sentido nem o "para quê" que orienta o dever-ser, e renuncia à liberdade como categoria essencial do agir humano.

Liberdade, aqui, não é uma promessa de autossuficiência. Pelo contrário, é sinônimo de renúncia ao *ego* inflado e às próprias paixões. O autêntico crescimento na consciência de si implica não manipular nem se deixar manipular. Envolve aceitar a liberdade do outro e reconhecer que a vida depende não do esforço voluntarista, mas do Mistério que sustenta o existir, dAquele que dá o ser desde um recôndito início até o fim do existir, ininterruptamente[5].

O neopelagianismo digital: uma salvação autoproclamada

O fato é que a cena digital em que vivemos acabou por transformar até mesmo a liberdade em *slogan*. Frases imperativas de efeito supostamente racional e que podem ser traduzidas como "você pode ser quem quiser" ou "salve-se a si mesmo" refletem uma mentalidade voluntarista, na qual a autodeterminação perde seu caráter misterioso e se reduz a um projeto individualista. Esse discurso ignora, entre outras coisas, a necessidade da autêntica experiência comunitária, que é o verdadeiro berço da pessoa humana[6]. No lugar dela, emerge uma experiência de massa: "pertenço a Fulano", "sou fiel a Beltrana", "Sicrano mudou minha vida".

Nesse contexto, até mesmo o reconhecimento foi instrumentalizado, tornando-se uma prisão: qualquer contraditório é interpretado como traição, e os seguidores são vistos como os guardiões de uma

---

5 Há uma expressão evangélica que descreve bem o que está em jogo, quando se diz que quem dá o ser o dá ininterruptamente: "Até os cabelos de vossa cabeça estão todos contados. Não temais: mais valor tendes vós do que inúmeros pardais" (Lc 12, 7).

6 Cf. Giussani, 2009, p. 183-200. Confira também: Giussani, 2012, p. 117-146.

fidelidade cega a seus *gurus de estimação*. Esses influenciadores, por sua vez, utilizam seus seguidores como peões em um jogo no qual a lógica utilitarista é o que predomina. Mas todo jogo acaba – e, com ele, o espetáculo dos fingimentos. Não há aparência que possa ocultar para sempre a maldade e a fragilidade do discurso.

Linguagem corrompida: manipulação e criação de ilusões

A maldade, é bem verdade, permanece no escuro e será exatamente lá que ela se revelará, como uma sombra que produz a escuridão na qual ela mesma se esconde. Por outro lado, a virtude – outra das categorias que se tornaram um termo-talismã[7] na boca dos novos gurus – é como uma luz que ilumina tudo o que o virtuoso faz e fala. A luz a tudo ilumina, e não é possível fixar nela o olhar. O virtuoso não chama a si o olhar, simplesmente esclarece... e prefere mesmo não ser visto. O olhar da pessoa virtuosa elucida o mirado e constrange a ser o que se é. O olhar da pessoa maldosa obscurece a autoconsciência do visado e o assujeita a se conformar à longa sombra que ela lança sobre tudo o que está a seu alcance.

A maldade também tem os traços da soberba: o soberbo não cultiva um reflexo de si mesmo, pois, por mais disparatado que possa parecer, ele é incapaz de olhar para si, mas apenas para uma imagem sua. Mesmo que essa imagem tenha sido criada, nos mínimos detalhes, com a única finalidade de se destacar na "prateleira" dos mil gurus de saúde mental reembalados, ela será sempre, maldosamente, uma imagem inventada para submeter o "consumidor potencial". Nisso, a so-

---

7 Cf. Quintás, 2015.

berba se irmana à vaidade: é mais fácil olhar para um quadro bem ornado do que um espelho que reflete os maus hábitos[8].

O soberbo se revolta contra a realidade, justifica seus crimes, afaga seu próprio ego, glorifica sua vida, adorna pequenas glórias com louros que se destinariam a generais com grandes feitos. A maldade é seu distintivo – o sinal de uma vida que se encerra na escuridão. A maldade, entendida aqui não só como transgressão moral, mas como distorção profunda das relações humanas, manifesta-se na idolatria digital quando os agentes que detêm poder de influência usam estrategicamente a manipulação da linguagem para instrumentalizar a dor alheia. O ato de corromper a comunicação configura-se como um mecanismo de controle que aliena os indivíduos de suas verdadeiras necessidades, conduzindo-os à submissão.

Mas por que corrompem a linguagem? Qual a sua intenção? No século XIV, um filósofo italiano chamado Lino Coluccio Piero Salutati (1331-1406) afirmou que "do céu é digno o homem que faz grandes coisas sobre esta terra"[9], expressando, com essas palavras, o espírito de uma época que destronou Deus, entronizando o homem de sucesso, de relevo social, de destaque nas artes, na ciência etc. Era já um aparecimento daquilo a que assistimos hoje: o divo, o ídolo, o astro que se coloca no lugar de Deus, supereficiente e santo autoproclamado. Não é difícil ler a intencionalidade escondida por trás da corrupção realizada: divinizar-se, colocar-se acima de tudo e de todos – com uma visão superior, melhor, mais acurada e iluminada dos acontecimentos e da vida –, impor-se como o arauto das verdades últimas, apresentar-se como o virtuoso dos virtuosos em todos os campos do existir humano, tomar para si o direito de emprego de todas as máximas, alterar os sentidos das palavras como se delas detivesse o *copyright*,

8 Exemplo clássico disso se pode encontrar no personagem Dorian Gray (Wilde, 2021).

9 Citado por Giussani, 1997, p. 102.

introduzir nas mentes sua forma de ler o mundo, dizer-se portador de toda salvação e, de vez em quando, apontar a Deus como salvador, não sem antes proclamar-se um escolhido de Deus para os novos tempos[10].

É assim a relação entre influenciadores e seus seguidores nas redes sociais, ainda que, como se disse, muitos deles sigam adotando um discurso no qual a Metafísica, os Transcendentais e Deus apareçam, aqui e ali, implícita ou explicitamente como pano de fundo da sua linguagem de *marketing*, com seus "gatilhos" propositalmente bem escolhidos. Essa idolatria não se limita ao fascínio por personalidades carismáticas; ela reside na criação de um sistema em que padrões inalcançáveis de personalidade e bem-estar são infligidos aos sectários, levando-os a uma frustração constante e ao adoecimento psicológico. Você talvez diga que não se trata de uma imposição, tendo em vista que cada um escolhe seguir quem quer e fazer o que entender melhor com o que lhe dizem. Mas não é bem assim, pois, num paradoxo cruel, os mesmos profissionais que prometem curar acabam produzindo o sofrimento que dizem combater, alimentando um ciclo interminável de dependência emocional e comercial. Cabe aqui avisá-lo, leitor, de que ao longo deste livro mostrarei, por diferentes perspectivas, como essa dinâmica acontece.

Neste contexto – insisto! –, a linguagem desempenha papel central. Como se verá mais à frente, à corrupção da linguagem corresponde uma mais cruel: a corrupção da realidade. As palavras, quando manipuladas, deixam de comunicar verdades e passam a criar realidades ilusórias. Em um ambiente regido por algoritmos e *likes*, o discurso

10 Giussani (1997) lembra que a idolatria não está ligada a uma negação do discurso religioso: "De qualquer forma, é preciso notar que essas transformações de mentalidade não se verificaram de modo necessariamente irreligioso. Mas, se os princípios cristãos podem ser conservados com devoção e não renegados, o sentimento da vida flutua por sua conta. *Deus acaba sendo vivido como uma nuvem que paira no céu, cada vez mais distante, com uma influência cada vez menor sobre uma terra cada vez mais dominada e manipulada pelo homem sozinho. Deus se torna abstrato, justaposto à terra*" (p. 104-105, grifo nosso).

da saúde mental frequentemente é instrumentalizado para gerar engajamento e lucro, em detrimento da autenticidade e do verdadeiro cuidado com o outro.

Não se pode esquecer que toda comunicação tem uma intenção – não seria comunicação, aliás, se não tivesse. E, se o emissor não diz sua intenção – e lembre-se de que ele pode mesmo ludibriar o receptor no momento de, segundo ele, honestamente, comunicá-la –, é possível vê-la pelos resultados de sua comunicação. E você não se tornou melhor, como ele disse que você se tornaria; você, na verdade, se tornou uma cópia mal-acabada do que ele diz ter mostrado de si para você; uma cópia dependente do avatar que se expõe nas redes sociais, o avatar que precisa sempre renovar a própria imagem, visto que ele mesmo tem necessidade de se reinventar, mudar dia a dia, *story* após *story*, para conseguir aumentar seu *lead*. Qual é o preço de vender sua personalidade em troca da parecença – nos trejeitos, na indumentária, no modo de falar, nas posses, no sucesso – com o borra-tintas cheio de eloquência e com milhões de seguidores? Ou, em outras palavras, "que aproveitará ao homem ganhar o mundo inteiro, se vier a perder a sua vida? Ou que dará o homem em troca da sua vida?"[11]. O preço é alto.

Uma proposta de resistência crítica

A presente série de ensaios quer ser um convite para a crítica desse cenário. Aliás, essa frase obriga a um aposto, antes de prosseguir para o encerramento da introdução. Falar de "crítica", hoje, especialmente nesse cenário digital, é uma *crimideia*[12]: tão logo essa palavra surge num perfil, dirigida a um olimpiano intocável e inquestionável, uma avalanche de ditos evangélicos, provérbios, máximas extraídas das

11 Cf. Mc 8, 36-37.

12 Orwell (2009) se vale desse termo (em inglês, *thoughtcrime* e, em novilíngua, *crimethink*) para especificar os pensamentos desaprovados pelo governo.

páginas de filósofos e teólogos, se espalhará pelas redes sociais, defendendo a integridade daquele que "tudo vê, tudo sabe e tudo prevê". É proibido ter um crivo formado sobre o que quer que seja; só se pode pensar nos limites do que foi, antes, aprovado e carimbado, com o devido rigor, por uma equipe de consultores *ad hoc*; inteligência é operar – mesmo que superficialmente! – dentro dos parâmetros do *index* definido pelo rapazola ou pela moçoila que traduz o mundo no muque, atrás da gravata-borboleta, ou escondida por debaixo de camadas de maquiagem.

Mas, sim, a crítica é necessária; o julgamento é necessário, porque não saber discernir é correr o risco de ficar nas mãos de quem acabará fazendo o discernimento por você, sempre com base em um viés ideológico. E o guru está sempre disposto a *ler o mundo por você* – afinal, "você é burro!", lembra disso? No início do século passado, um filósofo francês chamado Julien Benda (1867-1956) acusou os intelectuais de sua época de não mais buscarem a Verdade a todo custo e de passarem a servir a interesses e causas particulares, traindo sua missão original. Os novos clérigos digitais[13] fazem o mesmo, não sem antes garantirem que a massa sob sua influência não terá a chance de pensar livremente. O mesmo padrão de deterioração cultural apontado há cem anos se repete nos dias de hoje: pois eles igualmente traem uma missão ética e cultural ao colocarem interesses imediatos – engajamento, lucro, popularidade – acima de um compromisso autêntico com a verdade e com o bem-estar genuíno de seus seguidores.

Partindo de uma análise que transitará pelos campos da Filosofia, da Sociologia, da Psicologia e da História – sem nenhuma expectativa de ser exaustiva –, espero dar a entender como a idolatria digital se configura como um *fenômeno contemporâneo de poder e de controle.*

---

13 Benda (1975) usa o termo "*clercs*" – que pode ser traduzido, literalmente, por clérigos – para se referir aos intelectuais, no sentido amplo.

Dividido em textos exclusivos – que começaram a ser escritos em outubro de 2023 e foram tomando corpo ao longo de todo o ano de 2024 –, este livro busca não apenas desmascarar as armadilhas desse fenômeno, mas também oferecer caminhos de resistência e de transformação. É, acima de tudo, um chamado à responsabilidade – dos profissionais de saúde mental, dos usuários das redes sociais e de uma sociedade que precisa urgentemente repensar sua relação com a tecnologia e o humano.

Embora os sete ensaios aqui apresentados estejam unidos por um tema comum, cada um deles constitui uma reflexão autônoma, completa em si mesma. Daí, inclusive, alguma repetição de argumentos que você ainda encontrará, apesar de meu cuidado de evitá-la ao máximo. Leitor, não há uma ordem obrigatória de leitura, mas sim um convite à reflexão com base em diferentes ângulos e abordagens. Neles, abordarei distintas dimensões do mesmo fenômeno: explorarei a manipulação da linguagem como instrumento de poder, analisarei o desejo mimético como motor do consumo emocional, investigarei as raízes psicopatológicas que permitem o surgimento de figuras manipuladoras no ambiente digital, criticarei o culto ao *self* como aprisionamento psicológico contemporâneo e revisitarei, por fim, a própria experiência de liberdade que será, primeiro, vista de uma perspectiva histórica e, em seguida, apresentada como uma pista que possa iluminar nossa relação problemática com o mundo digital.

Retomando a epígrafe apresentada nesta introdução, lembro que, na vida, sempre se terá duas opções quando se tratar da busca por um saber: enfastiar-se com gula e avareza, ou optar por transbordar em amor. Ora, o que uma alma repleta do efêmero tem a oferecer além do nada? Mais valiosa, com efeito, é a alma repleta de prudência, que se edifica com o que sabe e que, movida pela caridade, inunda o próximo. Conhecimento é mensurável; a caridade, porém, é infinita. E o leque dos seus interesses, leitor, explicitará sua disposição de entrega ao próximo. Vale dizer que o empenho em acumular frivolidades só é capaz de transbordar em lixo; já a busca da Verdade gerará irremediavelmente a verdadeira caridade. Acumular *versus* buscar. Convenhamos: por ativo que seja, num primeiro momento, o acúmulo, nada se compara à busca, no seu protagonismo inteligente e correspondente ao que é propriamente humano.

Servi-me desta última reflexão para me orientar no que lhe entrego nestas páginas, leitor. E peço e espero que você se sirva desta mesma reflexão para se orientar nesses tempos em que estamos vivendo.

Belo Horizonte, no dia de São Marcos, Evangelista, de 2025.

1

A linguagem como poder: fundamentos filosóficos

> A dignidade da palavra consiste nisto: através da palavra se realiza o que nenhum outro meio pode realizar, a saber, a comunicação baseada na realidade.
>
> Josef Pieper

A linguagem é um dos instrumentos mais poderosos de que a humanidade dispõe. Por meio dela, construímos significados, nomeamos sentido, estabelecemos relações e, sobretudo, moldamos realidades. No entanto, como já advertia o tomista alemão Josef Pieper (1904-1997)[1], quando a linguagem é manipulada, tal como também avisou o filósofo espanhol Alfonso López Quintás[2], ela deixa de ser um meio de verdade e se torna um veículo de controle. O presente ensaio vai explorar, de uma perspectiva filosófica, as bases desse fenômeno, examinando como o poder exercido por meio da linguagem opera no

1 Pieper, 1992.
2 Quintás, 2015.

contexto contemporâneo das redes sociais, especialmente no âmbito do discurso de saúde mental.

A linguagem: meio de comunicação da verdade *versus* corrupção

Comecemos por lembrar, em modo de premissa, que a função primordial da linguagem é a comunicação, mas não de qualquer coisa: a comunicação da verdade. Sim, a função da linguagem é comunicar a verdade. Pieper (1992) analisou como a linguagem, um meio essencial de comunicação e de compreensão da realidade, pode ser gradativamente corrompida pelo abuso de poder. No centro de sua análise está o paralelo que ele traçou entre os sofistas da Grécia Antiga e os mecanismos modernos de manipulação da comunicação, incluindo a propaganda e a mídia de massa.

Platão, em sua época, havia reconhecido, identificado e lutado contra um perigo e uma ameaça que assolava as atividades da mente humana e da vida social de seu tempo e, podemos dizer que de qualquer outra época, especialmente a nossa, em que as sociedades se tornam mais complexas e tecnológicas. Do que poderia ser mera descrição histórica da Antiguidade, Pieper (1992) extraiu um comentário sobre o presente e uma crítica, apontando para o fenômeno atemporal da sofística:

> Este caráter transcende qualquer época particular, e suscitou alguns comentários importantes, na verdade perturbadores, de Hegel. É verdade que ele chamou os sofistas da época de Sócrates de "pessoas extremamente refinadas e eruditas"; mas tal elogio, na maneira de falar de Hegel, parece um tanto ambíguo. É precisamente esse refinamento erudito, diz Hegel, esse questionamento absoluto e desenfreado que separa de

> qualquer objeto e, dialeticamente, desacredita tudo; é um "raciocínio refinado" que representa o verdadeiro perigo. Isso quase inevitavelmente nos leva à convicção de que tudo pode ser justificado se procurarmos com atenção as razões. Para citar Hegel: "Você não precisa ter avançado muito em seu aprendizado para encontrar boas razões mesmo para as piores coisas. Todas as más ações neste mundo, desde Adão e Eva, foram justificadas com boas razões"[3].

Os sofistas de antanho, mestres da persuasão e da retórica, homens bem-sucedidos e de bela aparência, cultivavam a palavra com uma "consciência excepcional das nuances linguísticas e da máxima inteligência formal"[4], mas, ao invés de buscar a verdade, utilizavam sua habilidade apenas para impressionar e manipular. Essa prática, embora marcada pela sofisticação e pela erudição, resultava na corrupção do significado e da dignidade da linguagem. Na medida em que subvertiam o papel da linguagem, ao separar o que se diz do que a realidade apresenta, do que a verdade representa, os sofistas transformavam a comunicação em um monólogo vazio, incapaz de estabelecer um verdadeiro diálogo. Com efeito, essa prática sofística encontra eco e expressão, modernamente, na propaganda e em formas sutis de manipulação por meio da publicidade e dos meios de comunicação.

Quando a linguagem se degrada, não apenas a comunicação é afetada, mas toda a interação humana sofre consequências devastadoras. A corrupção da palavra ocorre de duas formas principais: pela *manipulação da relação com a realidade* e pela *distorção da comunicação interpessoal*. Ambas são interligadas, pois, quando a verdade é sacrificada em prol da persuasão, o diálogo genuíno deixa de existir. Essa

3 Pieper, 1992, p. 8-9, tradução nossa.
4 Idem, p. 14, tradução nossa.

corrupção ocorre quando palavras são deliberadamente usadas para manipular, criar ilusões ou ocultar intenções. No ambiente digital, isso se manifesta na utilização de expressões com caráter de "autoajuda" e de "saúde mental", que se apresentam sob a forma de *slogans*, que não têm nenhum compromisso com a autenticidade, mas sim com a maximização do engajamento do usuário. Inspirando-se em Platão, o autor alemão mostra como, nos tempos antigos, os sofistas já manipulavam as palavras para mascarar a realidade, favorecer interesses escusos e minar a capacidade de diálogo autêntico. Esse "abuso de linguagem" abre caminho para o "abuso de poder", pois sem uma comunicação orientada para a verdade as pessoas perdem o norte que as levaria à consciência livre e à crítica.

Na verdade, os *influencers* de saúde mental, ao manipularem a linguagem, transformam o sofrimento humano em um produto a ser consumido. Os *slogans*, as lisonjas empregadas e os estímulos emocionais – já conhecidos por muitos como "gatilhos" – apelam a uma lógica superficial de empoderamento que, na prática, não oferece ferramentas reais para a superação das dificuldades. A linguagem é esvaziada de profundidade e usada como um meio para reforçar expectativas irreais. Pieper (1992) observa que, quando a linguagem é usada dessa forma, quem fala deixa de considerar o outro como um parceiro de diálogo, vendo-o apenas como um objeto a ser manipulado.

A manipulação verbal cria uma atmosfera propícia ao autoritarismo, pois gera uma pseudorrealidade na qual as pessoas não conseguem distinguir a verdade da falsidade. O público consumidor, em geral, vai aos poucos sendo reduzido a um estado em que não apenas se torna incapaz de descobrir a verdade, mas também de procurá-la. Essa incapacidade decorre do fato de que os indivíduos são constantemente bombardeados com informações superficiais, frases vazias e mensagens cuidadosamente projetadas para enganar, pois se apresentam como uma forma de persuasão suave, que contém uma intimidação oculta:

"a propaganda mais perfeita consegue exatamente isto: que a ameaça não seja aparente, mas sim bem escondida"[5].

Esse tipo de manipulação pode ser encontrado não apenas em regimes totalitários, diga-se de passagem, mas em qualquer situação em que grupos de interesse utilizem a palavra como arma de controle. Trata-se de um tipo diverso de totalitarismo: não há um ditador encarnado em alguma figura autoritária, vestida em farda militar, mas há um personagem rico, bem-vestido, corpo bem talhado e de beleza produzida; suas palavras e gestos já não são ríspidos todo o tempo, mas variam de acordo com a necessidade, transitando da ofensa à linguagem adocicada com a facilidade com que um comunicador de auditório se apresenta num palanque.

O problema está, exatamente, na quebra com o objetivo da verdadeira comunicação: a fidelidade à realidade. De fato, se a natureza da pessoa humana é constituída de uma urgência de perceber as coisas tal como elas são e viver de acordo com essa verdade[6], e se é próprio da pessoa humana se nutrir da verdade, a linguagem, quando empregada como meio de comunicação interpessoal, deve ser o lugar natural da verdade, pois "a verdade vive no diálogo, na discussão, na conversação – reside, portanto, na linguagem, na palavra"[7]. Mas, sobretudo, numa linguagem bem ordenada, ou seja, aquela em que as palavras expressam a realidade sem o mínimo de distorção. De forma que a toda corrupção da palavra corresponderá também uma mácula grave à existência humana.

Não será apressado concluir que uma tal corrupção também ferirá a própria comunicação: "no exato momento em que alguém, com plena consciência, emprega palavras, mas ignora explicitamente a

5 Idem, p. 31, tradução nossa.
6 Cf. Giussani, 2009, p. 19-44.
7 Pieper, 1992, p. 36, tradução nossa.

realidade, ele de fato deixa de comunicar qualquer coisa ao outro"[8], porque, no fim, nesse momento, o outro saiu de cena e restou apenas o espetáculo monológico do *influencer* com seu sempre dúbio discurso de *marketing* – deixando oculta uma intenção que extrapola o que está sendo dito. E, sim, isso é abuso de poder. Veja o que diz Pieper (1992):

> Dirijo-me ao outro não apenas para agradá-lo ou para lhe dizer algo que seja verdade. Em vez disso, o que eu digo a ele tem o objetivo de *obter* algo dele! O outro, a quem tento influenciar com o que gostaria de ouvir, deixa de ser meu parceiro; ele não é mais um sujeito companheiro. Pelo contrário, ele se tornou um objeto a ser manipulado, possivelmente a ser dominado, a ser manuseado e controlado. Assim, a situação é exatamente o oposto do que parece ser. Parece, especialmente para aquele que é tão lisonjeado, que um respeito especial seria prestado, quando na verdade este *não é exatamente* o caso. A sua dignidade é ignorada; concentro-me nas suas fraquezas e nas áreas que podem atraí-lo – tudo para manipulá-lo, para usá-lo para *os meus* propósitos. E na medida em que as palavras são empregadas, elas deixam de comunicar qualquer coisa. Basicamente, o que acontece aqui é uma fala sem parceiro (já que não existe outro verdadeiro); tal discurso, em contradição com a natureza da linguagem, não pretende comunicar, mas manipular. A palavra é pervertida e degradada para se tornar um catalisador, uma droga, por assim dizer, e como tal é administrada[9].

8 Idem, p. 21, tradução nossa.
9 Idem, p. 22, tradução nossa.

Manipulação, despotismo, dominação, tirania e instrumentalização: o que está em jogo, aqui, é exatamente o que você está já pensando, leitor. O nome disso é escravidão, e o fenômeno comunitário ligado a ela se chama sectarismo ou massa[10]. Trata-se de um tipo muito peculiar de escravidão – a mental –, na qual o indivíduo presta vassalagem a um pseudointelectual, não reconhecido como superior por ninguém que não seja tão somente seus subordinados da hora.

Até há não muito tempo, a superioridade intelectual era tributária da Universidade, local de diálogo livre, de consideração inteligente do contraditório, de busca da verdade. Mesmo Platão, mencionado aqui algumas vezes, ocupou-se de enfrentar os sofistas, fabricantes de realidades fictícias, e o fez a partir de dentro de sua *Academia*, sempre em busca de desfazer o terrível pesadelo no qual "o reino existencial do homem possa ser dominado por pseudorrealidades cuja natureza fictícia ameaça tornar-se indiscernível"[11]. Mas, a corrupção da linguagem chegou também às instituições de ensino e ao discurso público. Se "acadêmico deve significar antissofista"[12], as universidades têm a responsabilidade de preservar um espaço onde a busca pela verdade seja protegida de influências externas. A função das instituições acadêmicas é, portanto, garantir a liberdade do pensamento, permitindo que o conhecimento floresça sem ser subordinado a interesses práticos ou ideológicos, de nenhuma natureza.

> Nisto consiste precisamente a realização insubstituível de todas as instituições de ensino superior em vista do *bonum commune,* do bem comum! [...] A este respeito podemos pronunciar bem o princípio geral e ao mesmo tempo ser muito específicos: é necessária oposição, por exemplo, contra toda simplificação

---

10 Cf. Ortega y Gasset (2016), Stein (2003a) e também Frankl (2019a).

11 Pieper, 1992, p. 34, tradução nossa.

12 Idem, p. 38, tradução nossa.

> partidária, toda agitação ideológica, toda emotividade cega; contra a sedução através de *slogans* bem elaborados mas vazios, contra a terminologia autocrática sem espaço para o diálogo, contra o insulto pessoal como elemento de estilo (tanto mais desprezível quanto mais sofisticado for), contra a linguagem do apaziguamento evasivo e da falsa segurança, e não menos importante contra o jargão da revolução, contra o conformismo categórico e o inconformismo categórico[13].

Esses desafios, certamente, não serão sanados com um mero voluntarismo – "faça isso!", "seja isso!", "não faça aquilo!". Será preciso algo mais: algo que sustente a comunicação interpessoal livre e que, por isso mesmo, estruture um modo de organização social que fuja do modelo de massa com o qual convivemos, todo dia, através das chamadas "redes sociais". A esse modo de organização social marcado pela liberdade se dá o nome de *comunidade*: nela, a comunicação interpessoal livre é "ancorada na verdade da realidade, a realidade do mundo que nos rodeia, a realidade de nós mesmos e também a realidade de Deus"[14].

Não é demais mencionar, antes de avançar, a importância da liberdade, e, mais do que somente ela, a sua íntima relação com a verdade. Muitos há que se referem à máxima evangélica segundo a qual "a verdade vos libertará"[15] e, contudo, não se dão conta de que não se trata de uma prescrição religiosa apenas, mas de uma descrição do dinamismo cognoscitivo da pessoa humana, já reconhecido por Aristóteles, para quem o conhecimento teórico, voltado para a compreensão da totalidade do real, é o único verdadeiramente livre. O conhecimento teórico é aquele que resulta da contemplação do real: está,

---

13 Idem, p. 38, tradução nossa.
14 Idem, p. 39, tradução nossa.
15 Jo 8, 32.

portanto, menos dependente do externo do que do cultivo da vida interior; é menos instrumentalizado para atender a fins práticos, como proposto por René Descartes (1596-1650)[16] e pelos pragmatistas contemporâneos[17], do que dirigido à busca da verdade. Depende, pois, da manutenção do seu caráter teórico. Com efeito, quando a ciência se torna puramente instrumental, ela perde seu vínculo com a verdade e, com isso, a liberdade genuína desaparece.

Nessa perspectiva, a liberdade está associada ao compromisso com a verdade. Se a palavra deixa de expressar a realidade para se tornar mera ferramenta de persuasão – seja para agradar, seja para coagir ou vender ilusões –, então a própria possibilidade de discernimento e escolha livre se vê comprometida. Pieper (1992) vincula esse problema ao cenário moderno, em que propaganda, *mass media* e interesses ideológicos podem criar uma "realidade fictícia" tão eficaz que se confunde com a verdade. Resistir a esse fenômeno exige que indivíduos e instituições mantenham a "palavra bem-ordenada" e protejam o espaço no qual a busca desinteressada pela verdade – e, portanto, pela liberdade – possa florescer.

Alfonso López Quintás e a manipulação no encontro humano

Outro autor que pode oferecer um fundamento filosófico para a discussão em pauta é o espanhol, contemporâneo nosso, Alfonso Ló-

16 Cf. Descartes, 1996. Na parte VI do seu *Discurso do método*, Descartes defende o uso do conhecimento científico como instrumento de domínio e de transformação da natureza, visando a fins práticos.

17 Um exemplo claro disso pode ser encontrado na obra *Pragmatism*, de William James (1842-1910), na qual o filósofo e psicólogo norte-americano, entre outras coisas, expõe que a validade das ideias deve ser aferida por sua utilidade prática, caracterizando o conhecimento sendo, essencialmente, um instrumento para atingir resultados concretos e não como contemplação desinteressada da verdade. Cf. James, 1931.

pez Quintás. Em uma de suas obras[18], o autor expressa sua preocupação com o mesmo cenário que foi apresentado. E, ao longo de sua exposição, ele não se contenta com apenas descrever de forma crítica o problema da manipulação da linguagem, mas quer apresentar soluções.

Seu ponto de partida é: a comunicação genuína ocorre no encontro humano, quando os interlocutores se abrem um com o outro em busca de um bem comum. Porém, quando o encontro é manipulado, ele se transforma em uma relação de dominação. Eis-nos, uma vez mais, às voltas com o cenário atual, no contexto das redes sociais, no qual os seguidores acreditam estar participando de um diálogo autêntico, mas frequentemente se veem presos a uma dinâmica assimétrica em que seu desamparo é explorado para ganho de influência e para o lucro.

Nunca será demais chamar a atenção para o fato de que esse tipo de manipulação é particularmente problemático no campo da saúde mental, em que os seguidores buscam orientação e acolhimento: nesse caso, a linguagem manipuladora, ao prometer "solução definitiva" ou "transformação instantânea", não apenas falha em atender a essas necessidades, como também perpetua uma dependência emocional e comercial.

Quintás (2015) propõe uma análise abrangente sobre os mecanismos pelos quais a linguagem é utilizada para manipular o homem e, consequentemente, limitar sua liberdade criativa. Para o autor, a manipulação da palavra deve ser compreendida desde sua raiz, com base em quatro medidas fundamentais: *manter-se alerta* em relação aos processos de manipulação, *aprender a pensar com precisão*, *exercer a criatividade* em suas múltiplas formas e *buscar, com determinação, a verdade e a certeza*. Essa abordagem revela que a liberdade criativa – ou

18 Quintás, 2015.

seja, a capacidade de orientar a vida segundo critérios interiorizados e bem assumidos – é, na verdade, o bem mais precioso em jogo[19].

De fato, a manipulação da linguagem é grave, primeiramente porque ela direciona a vida das pessoas para um antigo ideal de domínio que, embora familiar – quem nunca ouviu falar da Segunda Guerra Mundial? –, não é capaz de satisfazer as necessidades profundas do espírito humano, como ficou tão fartamente evidenciado. Em segundo lugar, a manipulação impede a conversão para um novo ideal, aquele que poderia levar a uma existência plena e verdadeira. Por fim, ela incrementa o desconcerto espiritual de uma sociedade que, ao perder o ideal sustentador de sua identidade ao longo dos séculos, encontra dificuldade para estabelecer novos parâmetros que estejam em profundo acordo com sua natureza[20].

A falta de referências que apontem esses parâmetros mais adequados não é tanto o problema. O que falta, na verdade, é uma troca humana que faça justiça à realidade: as "referências" que estão surgindo a mancheias, no fundo, não são fiéis ao real, porque precisam, a todo tempo, manipular o interlocutor, que, com isso, é rebaixado à condição de objeto, perdendo sua capacidade de agir conforme o próprio arbítrio, perdendo a liberdade interior, que é fruto do viver consciente e da integração do que se pensa com o modo como se vive.

Nesse sentido, o próprio sentido de "manipular", tal como vem sendo empregado neste ensaio, deve ser ampliado: manipular, etimologicamente, equivale a manejar, manusear. E é preciso lembrar que apenas objetos são verdadeiramente manejáveis. Quando o manipulador trata pessoas ou grupos como se fossem meros objetos, ele reduz sua condição humana, o que equivale a uma forma de sadismo. Quintás (2015) ressalta que "ser sádico não significa ser cruel, como se

19 Cf. idem, p. 3.
20 Cf. idem, p. 6.

costuma pensar. Implica tratar uma pessoa de tal maneira que se lhe rebaixa a sua condição"[21]. Essa redução não precisa ocorrer por meio da brutalidade, mas pode se dar também por meio de um gesto ou de uma palavra estudadamente ternos, que, ao invés de elevar o outro, submete-o a um plano de dominação.

Se se quer evitar cair na manipulação – adianto-lhe, leitor –, o esforço não será no sentido de eliminar-se o manipulador, mas no sentido de *crescer na consciência do que seja a manipulação, de quem é o manipulador, das razões que tem para manipular e de que táticas se vale para manipular.* Só assim será possível colocar em prática algum antídoto contra a manipulação. Vale lembrar que

> Manipula quem quer vencer-nos sem convencer-nos, seduzir-nos para que aceitemos o que nos oferece sem nos dar as razões. O manipulador não fala para a nossa inteligência, não respeita nossa liberdade interior; atua astutamente sobre nossos centros de decisão a fim de nos arrastar a tomar decisões que favorecem seus propósitos[22].

Dessa forma, o manipulador não dialoga com a inteligência do outro nem respeita sua liberdade interior, mas atua diretamente sobre seus centros de decisão, conduzindo-o a escolhas que favoreçam seus próprios propósitos. Daí a importância de crescer na consciência: quem se habitua a pensar livremente identificará muito mais facilmente as estratégias escusas de controle do pensar e do agir.

Não se pode esquecer que também há um modelo de manipulação que extrapola essa dominação de caráter individual: trata-se daquela a que Quintás (2015) chama de ideológica, que impõe ideias e atitudes

21 Idem, p. 9, tradução nossa.
22 Idem, p. 13, tradução nossa.

de forma oculta por meio de recursos estratégicos que exploram questões existenciais – como política, economia, ética e religião. Esse modo é ainda mais perigoso, pois se vale do fenômeno de massa. Um agrupamento social – em geral, sectário e proselitista – que adota um sistema ideológico como programa de ação recorre a dois recursos para impor seu domínio: a violência, que leva à tirania, ou a astúcia, que se materializa na manipulação. O manipulador ideológico, portanto, tenta "modelar o espírito de pessoas e povos a fim de adquirir domínio sobre eles de forma rápida, contundente, passiva e fácil"[23]. Esse processo transforma uma comunidade, que se caracteriza por vínculos de solidariedade e coesão, em uma massa desprovida de criatividade e resistência, já que a massa se compõe de indivíduos que agem "como objetos" em vez de cidadãos integrados, movidos por um sentido comunicado, reconhecido e aceito livremente:

> As pessoas, quando têm ideais valiosos, convicções éticas sólidas, vontade de desenvolver todas as possibilidades de seu ser, tendem a unir-se entre si solidariamente e estruturar-se em comunidades. Devido a sua coesão interna, uma estrutura comunitária é inexpugnável. Pode ser destruída por fora com meios violentos, mas não pode ser dominada interiormente por via do assédio espiritual. Se as pessoas que integram uma comunidade perdem a capacidade criativa e não se unem entre si com vínculos firmes e fecundos, deixarão de se integrar numa autêntica comunidade; darão lugar a um amontoado amorfo de meros indivíduos: uma massa. O conceito de massa é qualitativo, não quantitativo. Um milhão de pessoas que se manifestam numa praça com um sentido bem definido e sopesado não constituem uma massa, mas uma comunidade,

23 Idem, p. 15, tradução nossa.

> um povo. Duas pessoas – um homem e uma mulher – que compartilham a vida numa casa, mas não se encontram devidamente reunidas, formam uma massa. A massa se compõe de seres que agem entre si como objetos, por via de justaposição ou choque. A comunidade é formada por pessoas que reúnem seus âmbitos de vida para dar lugar a novos âmbitos e se enriquecer mutuamente. Ao carecer de coesão interna, a massa é facilmente dominável e manipulável pelos ansiosos por poder. Isso explica o fato de que a primeira preocupação do tirano – tanto nas ditaduras como nas democracias, já que em ambos os sistemas políticos existem pessoas desejosas de vencer sem necessidade de convencer – seja privar as pessoas da capacidade criativa na maior medida possível. Essa desapropriação se leva a cabo através das táticas de persuasão maliciosa que mobiliza a manipulação[24].

A linguagem, para Quintás (2015), como já deve ter ficado claro, é o recurso principal utilizado pelos manipuladores, tanto em regimes autoritários quanto em democracias. Ele declara que a linguagem é o maior recurso oferecido ao homem, mas é também o mais perigoso. Há, segundo ele, uma ambivalência na linguagem, que faz com que seja usada para descobrir a verdade e, ao mesmo tempo, para distorcê-la e semear confusão. Assim, o manipulador escolhe com cuidado os termos que emprega – os chamados "termos-talismã" – para que, quando introduzidos no discurso, o público se sinta intimidado e perca a capacidade de exercer seu poder crítico, aceitando o que lhe é proposto sem questionamento.

Os "termos-talismã" têm o poder de cegar as pessoas, pois não podem ser contestados, não podem passar por revisão rigorosa, não

24 Idem, p. 15-16, tradução nossa.

podem ser criticados, exigem de quem os consome a pura passividade. Em geral, esses termos têm uma grande versatilidade, podendo deslizar de um campo semântico a outro, prestando-se aos mais diversos usos e finalidades. O manipulador usa tais palavras de forma analógica e metafórica, a fim de conseguir o efeito que quer gerar. Esses termos sempre triunfam num clima de ambiguidade, porque seu poder sugestivo peculiar é adquirido por meio da fascinação que as promessas indefinidas dos *slogans* exercem na pessoa.

> Tal poder sugestivo nos impacta, ao nos dar a sensação de estar diante de algo importante e valioso. Esse fascínio do recôndito prometedor constitui uma espécie de "mística", termo venerável que se limita aqui a sugerir a impressão obscura de se encontrar numa terra não pisada, rodeada de um mistério especial. A palavra-talismã gosta de se mostrar como algo emboscado. [...] Por isso, basta explicitar e matizar devidamente os distintos sentidos das palavras-talismã para subtrair delas o poder e deixá-las, por assim dizer, "exorcizadas", privadas de seu fascínio peculiar. Se prestarmos atenção ao significado de um termo e aos sentidos que pode adquirir em diferentes contextos, teremos liberdade de espírito perante o demagogo que pretenda nos fazer engolir um sentido inadequado[25].

Com efeito, *fazer perguntas sobre o sentido das palavras empregadas* é um muito bom começo para se ver livre da manipulação dos demagogos. Sua tentativa será sempre a de normalizar o sentido que quer dar à palavra, de tal maneira que torne inevitável a aceitação daquele significado, até a ponto de que ninguém sequer pense em obstaculi-

---

25 Idem, p. 34, tradução nossa.

zá-lo no seu intuito: "isso exalta os convencidos, afugenta os opositores, atrai os tímidos. É um recurso mágico para acumular triunfos"[26].

Essa estratégia é tanto mais perigosa quanto mais se carregam os vocábulos de algum sentido oculto, simbólico ou hermético. E o malabarismo que se emprega, hoje em dia, para isso beira abusos inadmissíveis: simplificações de conceitos filosóficos e teológicos, esoterismos, correlações simbólicas feitas ao bel-prazer do demagogo digital, tergiversação do valor autêntico de realidades e acontecimentos, além de recursos psicológicos de submissão dos indivíduos sob o influxo de seu poder de ilusionista conceitual[27]. Ao mover-se intelectualmente com a agilidade ardilosa de prestidigitador, os sentidos dados aos termos pelo manipulador exercem uma influência crucial no espírito da pessoa, sobretudo das que não estão precavidas quanto aos modos de influência que exercem uns conceitos sobre outros. A fascinação avassaladora gerada, no início, produz exaltação de ânimo; no entanto, logo em seguida, impede que a pessoa se desenvolva, levando-a à experiência de uma decepção devastadora: quantos alcançaram a promessa feita pelo demagogo?

Quintás (2015) enfatiza que, para compreender o poder da manipulação, é preciso conhecer, além dos termos usados pelo demagogo, outros aspectos básicos: os esquemas, as abordagens e os procedimentos. Os termos orientam o pensamento com base em pares de opostos, sempre operando com a ambiguidade. Se se encaram tais *esquemas* como dilemas, em que é preciso escolher entre um ou outro, a criatividade e a capacidade de pensar de forma inovadora ficam bloqueadas.

---

26 Idem, p. 37, tradução nossa.

27 Quintás (2015), mais à frente, em seu texto, afirma: "A força da linguagem submetida à arte da manipulação é assombrosa. Quando um termo é carregado de emotividade, deixa na mente uma marca tão profunda que tudo o que ouvimos, vemos e pensamos posteriormente fica polarizado ao seu redor e imantado e orientado por ele" (p. 40, tradução nossa).

Por outro lado, a *abordagem* estratégica do manipulador utiliza esses termos para abordar as grandes questões da vida e conduzir o público para onde deseja, sem necessariamente recorrer à mentira. Ele só repete, de maneira enfática, ideias carregadas de intenção ideológica, o que pode criar "crenças" incontestáveis na opinião pública.

Nesse *processo*, é fundamental também saber a diferença que há entre dois estados espirituais – a vertigem e o êxtase[28]. A vertigem é definida como um processo que se inicia com uma atitude egoísta, na qual o indivíduo se considera o centro do universo e toma tudo ao seu redor apenas como meio para atingir seus fins. Essa postura promete tudo, mas, ao fim, retira tudo, deixando a pessoa iludida e vulnerável. Em troca, o êxtase requer generosidade e abertura, pois "não existe uma só ação que seja criativa... que não leve em sua base alguma dose de generosidade"[29]. Enquanto o manipulador vende a ideia de êxtase – a promessa de uma elevação e unidade –, ele, na prática, entrega vertigem, minando a capacidade criativa e a formação de comunidades autênticas.

Para combater a manipulação, Quintás (2015) defende que é imprescindível voltar à raiz do agir humano: o ideal de unidade, generosidade e solidariedade. Ele argumenta que somente uma preparação rigorosa pode servir como antídoto contra a manipulação. Essa preparação envolve três pontos essenciais: estar alerta e conhecer os métodos manipulativos, pensar com rigor – utilizando a linguagem com precisão e desenvolvendo uma lógica coerente – e viver de forma criativa, lembrando que "a coisa mais valiosa da vida só é aprendida de verdade quando é vivida"[30]. Dessa forma, a liberdade interior, que é fruto de uma postura criativa e fundamentada em valores sólidos, torna-se a defesa mais confiável contra o ilusionismo mental dos ma-

28 Cf. Quintás, 2015.
29 Idem, p. 27, tradução nossa.
30 Idem, p. 25, tradução nossa.

nipuladores. Além disso, para que haja liberdade de espírito e criatividade, é necessário romper com o esquema "eu-coisa", que trata os outros como objetos, e adotar um esquema mais amplo: "homem-âmbito" é um paradigma que permite ao indivíduo ver o outro de forma mais integrada, favorecendo a construção de vínculos autênticos e o desenvolvimento pessoal e coletivo[31]. Para que isso ocorra, é importante que, da parte de quem está sob o influxo da demagogia, mantenha acesa a urgência de relações verdadeiramente comunitárias, ou seja, relações nas quais a consciência de si como pessoa seja preservada e respeitada.

Em síntese, é preciso lembrar-se do poder da linguagem enquanto instrumento de dominação e de manipulação: não se trata de um mero artifício retórico, mas de um processo estratégico que envolve a escolha de termos, a imposição de esquemas mentais rígidos, a definição de abordagens e a utilização de procedimentos que reduzem a capacidade crítica e criativa do indivíduo. Para enfrentar esse desafio, é indispensável cultivar o pensamento rigoroso, a precisão na utilização da linguagem e a criatividade – elementos fundamentais para resgatar a liberdade interior e construir relações sociais baseadas em ideais de unidade, generosidade e solidariedade. Enquanto os manipuladores usam a linguagem para "vencer-nos sem convencer-nos"[32], nós devemos aprender a questionar o sentido das palavras e a analisar

---

31 Quintás (2015) lembra que "um especialista em revoluções e conquista de poder, Joseph Stálin, afirmou o seguinte: 'De todos os monopólios de que desfruta o Estado, nenhum será tão crucial como seu monopólio sobre a definição das palavras. A arma essencial para o controle político é o dicionário'. Nada mais certo, desde que vejamos os termos dentro do marco dinâmico dos esquemas, que são o contexto em que desempenham seu papel decisivo. Daqui deriva a necessidade de conhecer a fundo o uso astuto que se pode fazer da linguagem com fins de dominação política" (p. 21, tradução nossa). Com efeito, termos empregados num esquema de manipulação são, intencionalmente, empregados com o intuito claro de abordar os indivíduos conforme uma lógica procedimental carregada de ambiguidade.

32 Idem, p. 13, tradução nossa.

criticamente os discursos que nos são apresentados. Dessa forma, poderemos desenvolver um antídoto eficaz contra a manipulação e garantir que nossa liberdade, tanto individual quanto coletiva, seja preservada em meio às incessantes investidas ideológicas e retóricas que marcam a nossa era.

O papel das redes sociais na amplificação da corrupção da linguagem

O fenômeno da corrupção da linguagem, conforme analisado até aqui, encontra nas redes sociais um ambiente propício para sua amplificação em larga escala. Se, nas sociedades tradicionais, a deterioração do discurso ocorria majoritariamente por meio de estruturas de poder institucionais – governos, partidos políticos, propagandas ideológicas –, hoje a dinâmica mudou. As redes sociais descentralizaram a produção de discurso, tornando cada usuário um emissor potencialmente influente, mas, ao mesmo tempo, introduziram novos mecanismos de controle, especialmente por meio da lógica algorítmica, que favorece a viralização da linguagem manipulada e emocionalmente carregada.

Esse novo modelo comunicacional impulsionou a proliferação de discursos cheios de "termos-talismã", conceitos vagos e mal definidos, mas dotados de forte apelo sentimental. A lógica que rege as redes sociais não se preocupa com a veracidade ou a profundidade de um enunciado, mas com sua capacidade de gerar engajamento. E aqui entra um problema central: quanto mais simples e polarizador for um discurso, maior sua chance de viralizar. Assim, o que deveria ser um meio de comunicação genuína se converte em uma plataforma para *slogans*, simplificações ideológicas e discursos construídos com a intenção de persuadir sem convencer.

Para compreender como as redes sociais expandem a corrupção da linguagem, é necessário antes considerar o papel dos algoritmos na seleção do que é visto, lido e compartilhado. No ambiente digital, não é o mérito intelectual nem a coerência lógica que determinam o alcance de uma ideia, mas sim sua capacidade de aliciar o usuário. E esse envolvimento, na estrutura algorítmica das redes, é medido pelo número de cliques, curtidas, compartilhamentos e comentários – um conjunto de métricas que privilegia conteúdos emocionalmente atraentes e de rápida assimilação. O problema disso é que a linguagem bem-ordenada e fiel à realidade demanda reflexão, tempo e certo nível de maturidade intelectual para ser absorvida. Já a linguagem manipulada opera sobre as emoções e se aproveita da passividade intelectual do público, tornando-se ideal para a lógica algorítmica das redes. Afinal, expressões bombásticas e polêmicas geram mais interação do que discursos fundamentados. Em suma: o próprio sistema incentiva e recompensa a manipulação linguística[33].

33 Quando a internet era ainda uma realidade muito incipiente, Alfonso López Quintás já apontava esses problemas. Em 1998, o autor levantava os problemas da manipulação da linguagem. Mesmo correndo o risco de tornar enfadonha a leitura, reproduzo, aqui, um trecho longo, mas essencial, acerca do tema acima: "Outra forma oblíqua, torcida, sub-reptícia, de vencer o povo sem se preocupar com convencê-lo é a de repetir uma e outra vez, através dos meios de comunicação, ideias e imagens carregadas de intenção ideológica. Não se entra em questão, não se demonstra nada, não se vai a fundo dos problemas. Simplesmente se lançam admoestações, se fazem afirmações contundentes, se propagam *slogans* a modo de sentenças carregadas de sabedoria. Esse bombardeio diário dá forma à opinião pública, porque as pessoas acabam tomando o que se afirma como o que todos pensam, como aquilo de que todos falam, como o atual, o normal, o que faz norma e se impõe. Atualmente, a força do número é determinante. O número é algo quantitativo, não qualitativo. Daí a tendência a igualar a todos os cidadãos, para que ninguém tenha poder diretivo de ordem espiritual e a opinião pública possa ser modelada impunemente por quem domina os meios de comunicação multitudinários. Uma das metas do demagogo é anular, de uma forma ou de outra, a quem possa descobrir suas armadilhas, seus truques de ilusionistas. A redundância desinformativa tem um poder insuspeitado de criar opinião. Basta estabelecer um clima de superficialidade no tratamento dos temas básicos da vida para tornar possível a difusão de todo tipo de falsidade. Segundo Anatole France, 'uma loucura repetida por muitas bocas não deixa de ser uma loucura'. Certamente, mil mentiras não fazem uma só verdade. Porém uma mentira ou uma meia-verdade repetida por um meio poderoso de comunicação se converte numa verdade de fato, incontrovertido; vem a se constituir em uma 'crença', no sentido orteguiano de algo

Além disso, estudos sobre a psicologia da atenção mostram que o excesso de informações e a fragmentação dos conteúdos nas redes sociais afetam negativamente a capacidade cognitiva dos indivíduos, reduzindo sua habilidade de distinguir de forma adequada entre verdade e falsidade. Kahneman (2011), por exemplo, demonstra como o cérebro humano possui dois sistemas de processamento: um rápido, intuitivo e emocional, e outro mais lento, reflexivo e analítico. A exposição constante a estímulos rápidos e fragmentados, como ocorre nas redes sociais, fortalece o primeiro sistema e enfraquece o segundo, tornando os indivíduos mais propensos a aceitar afirmações superficiais sem submetê-las a uma análise crítica. Esse efeito, conhecido como "degradação da atenção", contribui diretamente para a disseminação da linguagem manipuladora, pois impede que os usuários percebam inconsistências ou manipulações retóricas no discurso consumido.

Se Pieper (1992) denunciava o uso da linguagem como um meio de manipulação no contexto da propaganda e da ideologia, hoje podemos observar uma dimensão adicional: a comercialização da linguagem. No cenário das redes sociais, além da rapidez, o comércio do discurso influencia e se torna um produto em si mesmo. Os influenciadores digitais aprenderam a explorar essa lógica, alterando frases de efeito, bordões e jargões terapêuticos em marcas registradas. Criam-

intocável, de solo no qual se assenta a vida intelectual do homem e que não cabe discutir sem se expor ao risco de ser desqualificado. A propaganda manipuladora tende a formar esse tipo de 'crenças', com vistas a ter um controle soterrado da mente, da vontade e do sentimento da maioria. O grande teórico da comunicação McLuhan cunhou a expressão segundo a qual 'o meio é a mensagem': não se diz algo porque seja verdade; é tomado como verdade porque se diz. A televisão, o rádio, a letra impressa, os espetáculos variados têm um imenso prestígio para quem os vê como uma realidade prestigiosa, que se impõe desde um lugar inacessível para uma pessoa. O que está consciente do que se passa nos bastidores tem algum poder de discernimento, porém o grande público permanece fora dos centros que difundem as mensagens. É incalculável o poder que implica a possibilidade de se fazer presente nos rincões mais afastados e penetrar nos lares e falar para as multidões ao ouvido, sem levantar a voz, de modo sugestivo" (Quintás, 2015, p. 23-24).

-se termos impactantes, mas ambíguos, que são repetidos exaustivamente até se tornarem chavões inquestionáveis. A banalização de conceitos como "cura emocional", "trauma geracional", "relacionamento tóxico", "personalidade" ou "amor-próprio incondicional" ilustra bem esse fenômeno: o que deveria ser um campo de reflexão séria é reduzido a *slogans* vendáveis.

Essa redução do discurso a um produto de consumo tem efeitos perversos. Primeiro, ela desvirtua o verdadeiro papel da linguagem na construção da identidade e do pensamento crítico. Em segundo lugar, cria uma relação de dependência psicológica entre os consumidores e os produtores desses discursos. Quem segue um *influencer* passa a consumir seus conteúdos como quem consome uma mercadoria: não busca necessariamente aprender ou crescer, mas reafirmar sua adesão à "marca" daquele influenciador. Assim, o espaço que deveria ser de reflexão e aprendizado se torna um ambiente de fidelização sectária.

Além disso, essa comercialização da linguagem se desdobra em um paradoxo cruel: se a verdade fosse oferecida de maneira íntegra, os seguidores poderiam amadurecer e, eventualmente, seguir seus próprios caminhos. Mas o que ocorre é o contrário: a linguagem manipuladora cria uma constante sensação de insuficiência, de forma que a única solução aparente é continuar consumindo os conteúdos e os produtos do influenciador.

A proliferação da linguagem manipulada nas redes sociais tem consequências também epistemológicas – como a deterioração da capacidade crítica – e, o que não é menos pior ou importante, tem consequências psicológicas e sociais. À medida que a linguagem é corrompida, as próprias categorias mentais das pessoas passam a ser moldadas por essa corrupção. O impacto disso pode ser observado em três níveis principais.

O primeiro nível é a *perda da capacidade de discernimento.* Se os conceitos são vagos e distorcidos, como distinguir entre uma opinião legítima e uma manipulação emocional? Como identificar quando um discurso é autêntico ou apenas um truque retórico? O pensamento torna-se reativo e binário: o seguidor "compra" um discurso como quem compra um produto, sem questionar sua coerência interna.

O segundo nível é a *criação de uma mentalidade de massa*. Como Quintás (2015) bem apontou, quando a linguagem é manipulada, as pessoas deixam de agir como sujeitos autônomos e passam a operar dentro da lógica de massa. Isso se manifesta, por exemplo, na maneira como seguidores de certos influenciadores adotam coletivamente os mesmos jargões, as mesmas expressões e até as mesmas formas de interpretar a realidade, muitas vezes sem perceberem que estão reproduzindo um discurso construído para manipulá-los.

Por fim, o terceiro nível é a *intensificação do adoecimento psíquico*. Se, no modelo clássico de manipulação, o controle era imposto externamente, nas redes sociais ocorre um fenômeno peculiar: o indivíduo participa ativamente de sua própria manipulação. Ele repete os discursos, defende-os, compartilha-os, reforçando um ciclo de autoengano. E, ao perceber que a suposta "cura" ou "empoderamento" oferecido pelos influenciadores não resulta em uma melhora real, experimenta um sentimento de frustração e desesperança – o que, paradoxalmente, o leva a buscar ainda mais conteúdos do mesmo tipo, num *looping* sem fim.

Vale dizer ainda que a corrupção da linguagem nas redes sociais é um problema também antropológico. Ela compromete a forma como os indivíduos constroem suas identidades, tomam decisões e compreendem a realidade. Ao transformar a palavra em uma ferramenta de manipulação e mercantilização, o ambiente digital reforça dinâmicas de poder que tornam as pessoas menos autônomas, menos reflexivas e mais vulneráveis à influência de discursos prontos. A resistência a esse fenômeno exige não apenas vigilância crítica, mas um esforço ativo para reeducar o uso da linguagem. Isso implica cultivar o hábito da precisão conceitual, da reflexão rigorosa e da disposição para o diálogo verdadeiro. Se o problema central da idolatria digital é a imposição de realidades ilusórias, a solução deve ser um compromisso inegociável com a verdade e com o desenvolvimento da liberdade interior.

Em suma, é preciso dizer que a corrupção da linguagem é uma forma de escravidão. Quando nossas palavras são moldadas para controlar, em vez de libertar, perdemos a capacidade de nos comunicar de forma autêntica e de viver de maneira genuína. Retomar a linguagem como instrumento de liberdade exige um compromisso com a verdade e uma resistência ativa contra as forças que buscam corrompê-la.

Aceite uma provocação, leitor, com base em tudo o que leu: se a linguagem nas redes sociais nos conduz ao engano – e é preciso não se valer de meias palavras ou eufemismos –, como podemos recuperar a potência reveladora da linguagem e romper com esse uso que oculta a realidade? Os autores que nos acompanharam neste ensaio deram-nos muitas pistas, mas resta a você a síntese, em respeito, inclusive, àquelas liberdade e criatividade que devem compor o verdadeiro pensar.

2

A produção do desejo: do mimetismo ao mercado de emoções

> Há uma lógica do desejo: uma lógica da aposta. A partir de um certo nível de azar, o jogador infeliz não desiste, mas aposta quantias cada vez maiores em probabilidades cada vez menores. O sujeito sempre acabará por encontrar o obstáculo intransponível da vasta indiferença do mundo, e se quebrará de encontro a ela.
>
> René Girard

O desejo humano não é uma experiência isolada ou intrínseca e inacessível, vitimada pelo solipsismo incomunicável[1]; ele é, em grande parte, modelado e influenciado pelo encontro com o outro, no que se costuma chamar de relação intersubjetiva. O filósofo e sociólogo francês René Girard (1923-2015), em sua teoria do desejo mimético, afirma que desejamos o que os outros desejam, não porque esses objetos sejam inerentemente valiosos, mas porque os vemos como valiosos aos

---

1 Cf. Stein, 2001. Na segunda parte da obra, a autora faz uma fenomenologia da subjetividade, descrevendo a interioridade como acessível. Também Sokolowski (2012) se debruça sobre este tema.

olhos de um modelo[2]. No contexto das redes sociais, essa dinâmica é dilatada de maneira nunca antes vista. *Influencers*, especialmente aqueles que se apresentam como profissionais de saúde mental, tornam-se modelos que amoldam os desejos de seus *followers*, transformando o desejo em um produto vendável e manipulável.

A promessa dessas figuras públicas não é apenas oferecer conhecimento ou aconselhamento, mas, em muitos casos, eles querem atuar e se apresentar como arquétipos de uma suposta maturidade emocional perfeita, ou seja, alcançada no seu mais alto grau, produzindo em seus seguidores um desejo que sequer imaginavam para si. Essa fabricação do desejo tem efeitos profundos na formação da identidade, no desenvolvimento da autoestima e na relação do indivíduo consigo mesmo e com os outros. Como resultado, o desejo genuíno – aquele que poderia ser uma expressão autêntica da interioridade e da busca por sentido – é substituído por um desejo moldado, cuja principal função é alimentar um sistema de engajamento e consumo contínuo.

O desejo mimético e os influenciadores digitais

O desejo mimético se alastra, segundo Girard (1978), como uma infecção contagiosa, e quanto mais forte é a polarização em torno de um objeto de desejo, mais inevitável se torna a formação de antagonismos coletivos: quem, no nosso país, não conhece a expressão "nós contra eles"? Essa polarização produz a massa de sectários em torno de um influenciador digital; nele, essa massa encontra sua razão de ser, seu objetivo de unidade, na exata medida da identificação de um inimigo comum – em geral, apontado, implícita ou explicitamente, pelo influenciador. Vale dizer que esse "inimigo comum" pode ser desde a

---

2 Cf. Girard, 1978. Nessa obra inaugural, o autor dialoga com os psiquiatras Jean-Michel Oughourlian e Guy Lefort acerca do tema a partir do qual ficou conhecido: a teoria do desejo mimético.

"imaturidade" até ao incauto objetor de alguma de suas inquestionáveis fórmulas mágicas. Quando se trata de um opositor, o passo seguinte à argumentação *ad hominem* – "ingrato", "invejoso", "imaturo", "incapaz" – é excluí-lo do círculo, selando, assim, a convicção de que não há objeção que se sustente de pé diante da monstruosidade sapiencial e da força descomunal do "mestre"[3].

Mas o dinamismo da mimese não para aí: o influenciador produz outros semelhantes que o imitam – não apenas no desejo, diga-se de passagem –, passando os dois a lutarem no mesmo campo, em favor de um mesmo objetivo, mas não como aliados, e sim como rivais. É o que Girard (1978) chama de "*mimesis* de apropriação", um dos aspectos fundamentais do desejo mimético: a tendência dos indivíduos de imitarem não apenas os desejos dos outros, mas também suas ações de posse ou controle sobre um objeto desejado.

> A mimese de apropriação é contagiosa, e, quanto mais numerosos são os indivíduos polarizados em torno de um mesmo objeto, mais os membros da comunidade que ainda não estão envolvidos tendem a seguir seu exemplo; o mesmo ocorre, inevitavelmente, com a mimese do antagonista, pois trata-se do mesmo fenômeno. Pode-se, portanto, esperar que essa mimese ganhe efeito de bola de neve assim que começa a operar, a partir do momento em que o objeto desaparece e a loucura mimética atinge um alto grau de intensidade. Dado que o poder de atração mimética se multiplica com o número de polarizados, chegará inevitavelmente o momento em que toda a comunidade se verá reunida contra um único indivíduo. A mimese do antagonista, portanto, gera uma aliança de fato

3 A esse fenômeno, Girard (1978) chama de "mimese do antagonista".

> contra um inimigo comum, e a conclusão da crise, a reconciliação da comunidade, não é nada além disso[4].

Está claro que o desejo humano não é espontâneo nem autônomo, mas sempre mediado por um modelo: se uma pessoa deseja um objeto, isso se dá porque viu outra pessoa (o modelo) desejá-lo antes. Esse mecanismo leva ao que Girard (1978) chama de mimetismo conflitivo, pois, ao imitar o desejo do modelo, o sujeito não apenas quer o objeto, mas quer se apropriar dele. O problema é que o modelo, ao perceber essa imitação, também intensifica seu próprio desejo pelo objeto, o que gera um ciclo de competitividade.

A mimese de apropriação ocorre especialmente quando o objeto desejado é escasso ou não pode ser compartilhado: o poder financeiro, o poder de influência social, a força física, a "inteligência", a "beleza" artificial, a quantidade de filhos, a aristocracia[5]... Em sua obra, Girard (1978) dá o exemplo clássico de duas crianças brincando: se uma pega um brinquedo que antes estava esquecido, a outra imediatamente passa a desejá-lo, não por sua utilidade intrínseca, mas porque vê o desejo do outro como um indicativo de valor. O ponto essencial da teoria do filósofo francês é que a rivalidade mimética não se dá porque o objeto é valioso em si, mas porque o desejo do outro o torna valioso. Essa dinâmica se desdobra em múltiplos níveis: na infância, na economia, na política e até na violência coletiva.

A imitação do desejo leva ao desejo do próprio modelo, tornando-o um obstáculo. Isso se desdobra no que Girard (1978) chama de "rivalidade interna", em que o sujeito e seu modelo tornam-se inimigos. O desejo se desloca do objeto em si para a necessidade de suplantar o

---

4 Idem, p. 35, tradução nossa.

5 O termo "aristocracia", etimologicamente, significa "governo dos melhores", do grego ἄριστος (*áristos*), excelente, somado a κράτος (*krátos*), poder. Dessa forma, podemos dizer que "aristocracia" é sinônimo de "elite".

outro. Esse processo pode desencadear conflitos pessoais, sociais e até guerras, conforme o autor demonstra em sua análise das mitologias e dos textos bíblicos.

A única maneira de cessar essa rivalidade é por meio de um mecanismo sacrificial, no qual a massa de sectários desloca a tensão acumulada para um bode expiatório – muitas vezes apontado pelo próprio *influencer*. Esse fenômeno se repete ao longo da história, desde linchamentos tribais até cancelamentos nas redes sociais.

No contexto digital, a mimese de apropriação se manifesta na competição por *status*, validação e atenção. Influenciadores não apenas estimulam desejos miméticos em seus seguidores, mas também competem entre si pela primazia dos discursos. Esse jogo de rivalidade pode escalar até gerar campanhas de difamação e perseguição, polarização extrema e "sacrifícios" digitais, em que certos indivíduos são atacados publicamente como forma de restaurar uma aparente harmonia no grupo.

Essas rivalidades destrutivas, nas quais os indivíduos competem pelos objetos que simbolizam *status*, sucesso ou realização, são produzidas pelos próprios influenciadores que se erigem como modelos ideais: aparentam possuir saúde emocional impecável, equilíbrio perfeito e sucesso inquestionável. Essa imagem cuidadosamente construída atrai milhões de seguidores, que passam a desejar não apenas o que o influenciador possui, mas também o seu modo de ser.

Esse é um processo alimentado quase exclusivamente por estratégias deliberadas de *marketing* e autopromoção, nas quais o influenciador se torna um espelho que reflete um ideal sempre inalcançável. Desse modo, o seguidor caminha de insatisfação em insatisfação, mantendo a engrenagem de engajamento funcionando bem azeitada.

Em outra obra, Girard (2008), ao tratar da teoria da guerra do estrategista prussiano Carl Phillip Gottlieb von Clausewitz (1780-1831), aprofunda ainda mais a sua teoria do desejo mimético, mostrando como, entre o conflito e a imitação, a rivalidade não surge apenas de interesses objetivos, mas principalmente da tendência humana à mimese e à escalada da violência no ambiente social mais amplo. Entendida como um ato que obriga o adversário a se submeter à vontade de outrem, a guerra tem um componente de irracionalidade (o ódio e as paixões humanas), de incerteza (resultado do jogo das probabilidades e da sorte) e de racionalidade (próprio da política como razão subjacente). São esses componentes que estão por trás da escalada irrevogável, da espiral incontrolável da guerra. No entanto, Girard (2008) afirma que esses mesmos componentes participam de toda e qualquer rivalidade humana: não é tanto o poder geopolítico que está em questão, mas o poder material, o *status* social, o número de seguidores, visualizações, curtidas etc.

No mundo contemporâneo, vivemos sob a ameaça de um apocalipse mimético, em que os conflitos entre nações e ideologias podem se intensificar até um ponto irreversível. Esse perigo decorre do fato de que, no desejo mimético, a rivalidade não tem freios internos. A única forma de deter esse processo seria reconhecer conscientemente a lógica mimética e encontrar maneiras de desativá-la. O que, evidentemente, requer, por parte das pessoas, um esforço de autoconsciência e de liberdade de pensamento, e, como se viu anteriormente, isso tem se tornado cada vez menos presente, sobretudo, nos meios digitais, que, inclusive, se tornaram o "ambiente" comum das pessoas, o ambiente ao alcance de suas mãos.

Está cada vez mais claro que a cultura ocidental perdeu os mecanismos tradicionais que ajudavam a controlar a violência mimética, como é o caso dos rituais religiosos e das estruturas sociais – as tradições imemoriais – que canalizavam o desejo de forma produtiva[6]. Sem

---

6 Frankl (2019b) afirma a esse respeito: "O vazio existencial é um fenômeno muito difundido no século XX. Isso é compreensível; pode ser atribuído a uma dupla perda sofrida pelo ser humano desde que se tornou um ser verdadeiramente humano. No início

esses mecanismos, estamos cada vez mais expostos ao risco da violência incontrolável, das rivalidades irracionais, do policiamento de todo contraditório: é o que acontece nas competições entre grandes corporações, mas também no culto às celebridades e na influência dos meios de comunicação de massa. As redes sociais, embora o filósofo francês não as tenha estudado diretamente, exemplificam perfeitamente sua tese: a imitação desenfreada cria ciclos de desejo e inveja, alimentando a instabilidade psicológica e social.

Claro está – assim espero – que o desejo mimético não se limita a guerras, mas se manifesta também em rivalidades sociais, políticas e culturais. E isso leva a dizer que é possível extrair disso um elemento que nos permita entender melhor o fenômeno dos influenciadores digitais: as redes sociais operam sob a mesma lógica da guerra, ou seja, os *influencers* funcionam como "modelos miméticos", despertando desejos nos *followers*, que passam a imitá-los sem perceber a origem desse desejo.

Essa dinâmica cria aspirações legítimas – isso é inegável – e também cria ciclos de competição e frustração, nos quais os seguidores tentam se igualar a padrões irreais, enquanto os próprios influenciadores competem entre si para manter sua posição – e isso também não pode mais ser negado ou mascarado sob o argumento de que "um bem é feito"[7]. Essa atmosfera de constante comparação gera um efeito de

---

da história, o ser humano foi perdendo alguns dos instintos animais básicos que regulam o comportamento do animal e asseguram a sua existência. Tal segurança, assim como o paraíso, está cerrada ao ser humano para todo o sempre. Ele precisa fazer opções. Acresce-se ainda que o ser humano sofreu mais outra perda em seu desenvolvimento mais recente. As tradições, que serviam de apoio para seu comportamento, atualmente vêm diminuindo com grande rapidez. Nenhum instinto lhe diz o que deve fazer e não há tradição que lhe diga o que ele deveria fazer; às vezes, ele não sabe sequer o que deseja fazer. Em vez disso, ele deseja fazer o que os outros fazem (conformismo), ou ele faz o que outras pessoas querem que ele faça (totalitarismo)" (p. 131).

7 "Então, por que não faríamos o mal para que dele venha o bem, expressão que os caluniadores, falsamente, nos atribuem? É justo que estes tais sejam condenados" (Rm 3, 8).

"escalada mimética", no qual cada nova tendência ou comportamento adotado por um influenciador precisa ser superado por outro, levando a um ciclo interminável de novos desejos e novas frustrações.

Assim como a rivalidade entre nações pode levar à guerra, a rivalidade promovida pelos influenciadores pode levar à alienação, à ansiedade e a uma busca insaciável por validação social, no âmbito digital a princípio, mas facilmente transbordando para as demais relações humanas, seja na família ou no trabalho, na comunidade religiosa ou nas amizades.

É evidente que, no ambiente digital, essa lógica se intensifica devido à onipresença dos influenciadores, que desempenham o papel de modelos desejáveis. A ilusão promovida por eles se intensifica pelo fato de que controlam rigorosamente a narrativa de suas vidas, filtrando qualquer traço de vulnerabilidade real e até mesmo as chamadas "provas sociais" favoráveis ao modelo que vendem de si.

Um aspecto relevante do desejo mimético tal como é experimentado nas redes sociais é o fato de gerar rivalidades invisíveis entre seguidores e outros influenciadores. À medida que os seguidores tentam emular seus modelos, tornam-se frustrados por nunca alcançarem plenamente o estado prometido. Isso os mantém presos ao ciclo de consumo e de dependência, buscando incessantemente produtos, cursos e programas oferecidos por essas figuras públicas como supostas soluções. E vivem uma relação que transita do amor ao ódio todo o tempo. É de se destacar que esse dinamismo é, intencionalmente, promovido pela própria estrutura da relação que se estabelece entre seguidores e *influencer*.

É o que enfatiza o sociólogo inglês Colin Campbell, para quem o desejo tal como é vivido na modernidade é impulsionado não pela necessidade objetiva, como ficou, classicamente, conhecido pelo trabalho de Max Weber (1864-1920) sobre a ética protestante e o capitalismo[8], mas pela promessa de uma experiência idealizada que nunca se concretiza completamente. Na dinâmica moderna, o que acaba ocorrendo é o que se conhece por "consumismo"[9]: uma prática impulsionada por um novo tipo de mentalidade que valoriza o prazer, a imaginação e a busca de experiências emocionais intensas. De que mentalidade ele está tratando? Aquela que surgiu entre os séculos XVIII e XIX, quando o Romantismo trouxe consigo uma nova forma de ver o mundo, baseada na individualidade, na fantasia e no desejo de viver emoções autênticas. Essa sensibilidade moldou o comportamento dos consumidores modernos, que não apenas compram produtos, mas buscam experiências estéticas e sentimentais por meio do consumo.

De fato, o capitalismo não se mantém apenas pela lógica da produção e do trabalho disciplinado, mas também pela cultura do desejo e da fantasia. Enquanto a ética protestante pode ter impulsionado o surgimento do capitalismo industrial, foi o Romantismo que deu origem à forma moderna de consumo. Um exemplo disso é que, hoje, a publicidade vende não apenas produtos, mas narrativas carregadas de emoção e experiências de vida. Outro é o turismo, que não busca apenas lazer, mas a promessa de uma experiência única e memorável. E mesmo a moda, que é vista como algo que permite ao indivíduo expressar sua personalidade pelo que consome e usa.

Certamente, você, leitor, já se viu enredado na teia circular do consumo, na qual você é incitado a imaginar o prazer, a felicidade, a maturidade que determinado produto pode lhe proporcionar; em seguida, você é imediatamente levado àquele entusiasmo ou ansiedade por comprar; compra e experimenta uma satisfação instantânea; mas algum tempo depois você se dá conta de que a realidade do que adquiriu não corresponde à fantasia que havia criado originalmente. Mas

---

8 Cf. Weber, 2004.
9 Cf. Campbell, 1987.

você nunca pode dizer que se decepcionou, sob pena de ser excluído da massa de compradores que, como você, se decepcionaram, mas que também não podem dizer nada. Esse ciclo de fantasia e decepção é um dos motores do consumismo.

Dessa forma, a cultura do consumo não é sustentada apenas pela oferta de bens, mas pela capacidade das pessoas de imaginar novas formas de prazer e felicidade. Isso explica por que muitos consumidores continuam comprando mesmo quando não precisam, pois o que está em jogo não é a utilidade do objeto, mas o prazer da fantasia associada a ele.

O espírito do consumismo moderno, segundo Campbell (1987), é caracterizado por uma busca incessante pelo prazer e pela autotransformação. No entanto, essa busca também gera uma série de paradoxos como é o caso da *insatisfação constante*: como o prazer vem mais da expectativa do que da experiência real, o consumidor está sempre em busca de algo novo. Outro paradoxo é o da ilusão de autenticidade, experiência na qual o *marketing* vende produtos como símbolos de identidade e autenticidade, mas essa autenticidade é frequentemente fabricada. O que dizer do paradoxo do *individualismo padronizado*? Nele, o desejo de se destacar leva à criação de modas e tendências, que acabam uniformizando os consumidores. E não se engane pensando que se trata de um modismo vinculado ao traje usado: ele pode estar presente também nos modos de falar, de se comportar, no uso de expressões que se vão tornando lugar-comum em certos grupos, quase como uma gíria própria, como um sinal de pertença. No entanto, o maior paradoxo do consumismo é que, embora seja alimentado pelo desejo de prazer e emoção, ele amiúde *leva à decepção e à necessidade de continuar consumindo*.

A grande questão levantada por Campbell (1987) é se esse modelo de consumo pode ser sustentado indefinidamente. Será que as pessoas continuarão presas no ciclo de desejo e decepção, ou encontrarão novas formas de satisfação mais profundas e autênticas? E essa é uma questão que também deve nos guiar, tendo em vista que está em jogo a nossa própria identidade.

A modernidade líquida e a fragilidade das identidades

E, por falar em modernidade e identidade, nenhum outro interlocutor seria mais apropriado do que o sociólogo e filósofo polonês Zygmunt Bauman. Em sua análise da modernidade líquida, ele argumenta que as relações e as identidades na contemporaneidade são marcadas pela fluidez e pela fragilidade. Um exemplo bem-acabado e até mesmo exacerbado disso são as redes sociais, na exata medida em que oferecem aqueles modelos ideais que, além de tudo o que já foi dito, mudam constantemente, forçando os indivíduos a uma adaptação incessante para se sentirem pertencentes.

Essa busca por uma identidade que se adéque a um ideal de eu quase utópico é particularmente aguda no contexto da saúde mental. Os *influencers* em geral oferecem fórmulas rápidas de bem-estar, prometendo-lhes uma resposta para seu anseio por uma personalidade madura, por um eu ideal; no entanto, essa resposta é sempre utópica. Em vez de proporcionar segurança ou autoconsciência, essas promessas reforçam a sensação de desacordo e de insatisfação.

Ao examinar as transformações da modernidade e sua transição de um estado no qual as estruturas sociais se mostravam estáveis e previsíveis para um estado chamado de "líquido", no qual as instituições, as identidades e as relações sociais tornaram-se fluidas, instáveis e marcadas pela efemeridade, Bauman (2001) se debruça sobre alguns temas centrais no contexto do presente ensaio: a emancipação, a individualidade, a relação tempo/espaço, o trabalho e a comunidade.

Um desses temas que merece destaque é exatamente o da individualidade. Segundo Bauman (2001), na modernidade líquida, o horizonte da ação individual é constantemente redefinido, e as próprias biografias são moldadas por um senso de incerteza crônica. A sociedade já não fornece roteiros rígidos para a vida, tornando cada pessoa responsável por suas escolhas – mas também por suas falhas e frustrações. Ser um indivíduo significa agora, mais do que nunca, ser responsável por si mesmo. Ninguém diria que isso seja um problema.

No entanto, se, antes do atual estado de coisas, a emancipação era vista como um objetivo coletivo, ligado a projetos políticos e ideológicos bem definidos, agora, a emancipação se tornou um fardo individual: não há mais uma luta clara contra um inimigo visível; em vez disso, os indivíduos sentem-se desorientados diante da miríade de escolhas e possibilidades que se apresentam. Essa aparente liberdade – sem diretrizes, diga-se de passagem – é opressiva e resulta numa ansiedade permanente, pois as pessoas são compelidas a tomar decisões constantes sem nenhuma garantia de sucesso. O fato é que, hoje, é o indivíduo quem deve administrar sua própria segurança e estabilidade, mas sem ferramentas adequadas para fazê-lo.

A profunda sensação de vulnerabilidade e de desamparo aliada à promessa de autonomia ilimitada se converte, na prática, em um sentimento de exílio dentro da própria sociedade. E foi justamente desse sentimento que triunfou a sociedade de consumo, na qual os indivíduos não são apenas consumidores de bens, mas também de experiências e de identidades, como dito. Se na modernidade sólida o indivíduo era definido pelo trabalho e pela sua posição social relativamente fixa, agora ele se define pelo que consome.

Bauman (2001) argumenta que essa lógica transforma até mesmo as relações humanas:

> O arquétipo dessa corrida particular em que cada membro de uma sociedade de consumo está correndo [...] é a atividade de comprar. Estamos na corrida enquanto andamos pelas lojas

[...]. Se "comprar" significa esquadrinhar as possibilidades, examinar, tocar, sentir, manusear os bens à mostra, comparando seus custos com o conteúdo da carteira ou com o crédito restante nos cartões de crédito pondo alguns itens no carrinho e outros de volta às prateleiras – então vamos às compras tanto nas lojas quanto fora delas; vamos às compras na rua e em casa, no trabalho e no lazer, acordados e em sonhos. O que quer que façamos e qualquer que seja o nome que atribuamos à nossa atividade, é como ir às compras, uma atividade feita nos padrões de ir às compras. [...] Não se compra apenas comida, sapatos, automóveis ou itens de mobiliário. A busca ávida e sem fim por novos exemplos aperfeiçoados e por receitas de vida é também uma variedade do comprar, e uma variedade da máxima importância [...]. Há muitas áreas em que precisamos ser mais competentes, e cada uma delas requer uma "compra". "Vamos às compras" pelas habilidades necessárias a nosso sustento e pelos meios de convencer nossos possíveis empregadores de que as temos; pelo tipo de imagem que gostaríamos de vestir e por modos de fazer com que os outros acreditem que somos o que vestimos; por maneiras de fazer novos amigos que queremos e de nos desfazer dos que não mais queremos; pelos modos de atrair atenção e de nos escondermos do escrutínio; pelos meios de extrair mais satisfação do amor e pelos meios de evitar nossa "dependência" do parceiro amado ou amante; pelos modos de obter o amor do amado e o modo menos custoso de acabar com uma união quando o amor desapareceu e a relação deixou de agradar; pelo melhor meio de poupar dinheiro para um futuro incerto e o modo mais conveniente de gastar dinheiro antes de ganhá-lo; pelos recursos para fazer mais rápido o que temos que fazer e por coisas para fazer a fim de encher o tempo então disponível;

> pelas comidas mais deliciosas e pela dieta mais eficaz para eliminar as consequências de comê-las; pelos mais poderosos sistemas de som e as melhores pílulas contra a dor de cabeça. A lista de compras não tem fim. Porém por mais longa que seja a lista, a opção de não ir às compras não figura nela[10].

O amor, a amizade e os compromissos, com efeito, acabam por perder seu caráter duradouro, pois são constantemente reavaliados em termos de conveniência e prazer imediato. A liquidez das relações leva a uma forma peculiar de solidão: estamos hiperconectados digitalmente, mas cada vez mais isolados emocionalmente.

Também a experiência do tempo e do espaço foi alterada na modernidade líquida. O espaço, por exemplo, perdeu sua relevância estável: o trabalho, os relacionamentos e até a identidade são vividos no fluxo constante da internet e das redes sociais, dissolvendo fronteiras e transformando cada sujeito em um passageiro permanente de um mundo sem centro. O fenômeno do "nomadismo digital" exemplifica essa lógica: a conexão virtual permite que as pessoas vivam em um estado de deslocamento contínuo, sem raízes em lugares ou comunidades concretas. Isso intensifica a precariedade da experiência humana, tornando tudo transitório e efêmero. Essa é mais uma consequência da transformação do homem de produtor em consumidor: se antes o valor do indivíduo estava atrelado à sua capacidade produtiva, agora ele é medido pela sua capacidade de consumir e se reinventar constantemente.

Outro efeito da modernidade líquida, atrelado à mesma ideia de sociedade de consumo e da precariedade da vivência espacial, é a dissolução das formas tradicionais de comunidade. Se no passado os indivíduos pertenciam a grupos claramente definidos – família, bairro,

---

10 Bauman, 2001, p. 38-39.

classe social –, hoje essas conexões são cada vez mais frágeis e superficiais. De fato, as redes sociais exemplificam esse paradoxo: elas prometem conexão, mas reforçam o individualismo, pois só permitem interações rápidas e descartáveis, sem os compromissos e as responsabilidades das relações face a face.

Todavia, falar de comunidade, em seu sentido pleno, exige falar de continuidade, de compromisso e de certo grau de sacrifício pessoal – características que vão contra a lógica do consumo imediato que rege a modernidade líquida.

A análise de Bauman (2001) revela paradoxos essenciais: a modernidade líquida promete liberdade, mas entrega insegurança; oferece escolha, mas gera ansiedade; incentiva a conexão, mas aprofunda a solidão. Ao dissolver estruturas tradicionais e lançar o indivíduo em um oceano de possibilidades sem referências fixas, a sociedade contemporânea transforma a vida em um constante processo de reinvenção, sem que haja um solo firme sobre o qual se apoiar. A questão central aqui é: como manter um senso de identidade e propósito em um mundo onde tudo é fluido, descartável e transitório? Bauman (2001) não oferece respostas fáceis, mas seu diagnóstico; neste primeiro momento, aponta para a necessidade de buscar formas mais sólidas de pertencimento e compromisso, para que a liquidez da modernidade não nos reduza a meros consumidores de experiências efêmeras, mas nos permita encontrar um significado mais profundo na existência.

Será em outra de suas obras que o autor polonês descortinará o horizonte dessa mesma solução apenas antevista. Na obra intitulada *Comunidade: a busca por segurança no mundo atual*, Bauman (2003) inicia sua reflexão destacando a ambivalência do conceito de "comunidade"; conceito raptado pela gramática do mundo digital e tão banalmente utilizado nesse meio. É evidente o quanto a palavra evoca um sentimento de calor humano, de pertencimento e de segurança, revelando-se um ideal desejado por muitos. No entanto, a experiência concreta de comunidade, quando alcançada, exige o sacrifício da liberdade individual. Sim, há um preço para viver em comunidade: requer-se lealdade incondicional, subordinação a regras coletivas e, frequentemente, o fechamento ao "outro" ou ao estranho.

Os agrupamentos sociais modernos têm o gosto de um ideal nostálgico, sempre situado no passado ou no futuro, mas nunca verdadeiramente presente. Trata-se de um desejo pela vida comunitária que, no caso da cultura líquida, apenas reflete aquele anseio humano fundante por segurança e pertencimento, e isso em um mundo marcado pelo individualismo e pela fragmentação das relações sociais.

Esse paradoxo entre o desejo e a impossibilidade, entre a liberdade e o pertencimento, é muito bem descrito pela metáfora contida do emblemático mito de Tântalo, que ilustra bem a frustração de tentar alcançar um ideal inalcançável. Assim como Tântalo foi condenado por seus inúmeros crimes a nunca se saciar com a água ou com os frutos a seu alcance, os indivíduos modernos desejam uma comunidade perfeita, mas não estão dispostos a pagar o preço da subordinação ao ideal comum que a vida comunitária exige. Outro exemplo do mesmo paradoxo se encontra na história bíblica de Adão e Eva, expulsos do paraíso após adquirirem conhecimento. Tanto na tradição grega quanto na judaico-cristã, há uma lição central: a busca pelo conhecimento e pela autonomia pessoal leva à perda da inocência e da segurança, tornando difícil o retorno a uma existência inteiramente harmoniosa entre semelhantes.

É esse estranho – irrevogável e inexequível, ao mesmo tempo – anseio por pertencimento que, no processo de modernização e individualização contemporâneo, acabou por dissolver as antigas estruturas comunitárias, transformando os indivíduos em "desenraizados"[11]. O capitalismo industrial rompeu com os laços tradicionais, promo-

11 Cf. Weil, 2011.

vendo o que ele chama de liberdade individual, ao custo da segurança existencial. Esse argumento interessa no contexto da presente obra na medida em que descreve, sociologicamente, o mecanismo de enfraquecimento dos laços comunitários de tempos pregressos e, por outro lado, o progressivo reforçamento do individualismo contemporâneo. E, por mais que não se concorde com o argumento do sociólogo polonês, é inegável seu juízo sobre o individualismo, a submissão, a desorientação e a insegurança do homem de hoje.

No fim, a busca por autonomia, na modernidade líquida, descaiu em desenraizamento; e, como o anseio permanece irrevogável, o homem buscou recriar comunidades; desta vez, porém, artificiais e muitas vezes marcadas por exclusivismo e hostilidade ao diferente. Essas novas formas de comunidade frequentemente se baseiam em identidades fechadas e rígidas, como ocorre com movimentos nacionalistas, seitas, movimentos religiosos autodenominados conservadores ou grupos que se isolam em bolhas ideológicas.

Ao fim e ao cabo, a fluidez dos tempos que vivemos constrange os indivíduos a se reinventarem continuamente, a fim de que se sintam relevantes e, sobretudo, pertencentes a alguma coletividade impermeável ao diferente, que esteja mais em voga, mais em evidência, graças à notoriedade de algum *influencer* que se destacou no cenário virtual. No mundo das redes sociais, essa lógica se torna ainda mais intensa, pois os modelos aspiracionais mudam constantemente, tornando a busca por identidade um processo ininterrupto.

Se antes as identidades eram construídas por meio de narrativas estáveis – ligadas à comunidade, à família e a valores transcendentes –, hoje, o indivíduo precisa constantemente adaptar-se a novos padrões de comportamento e autoimagem. A identidade se torna um bem de consumo, algo que pode (e deve) ser moldado de acordo com as expectativas externas. Esse fenômeno leva à exaustão psicológica, pois não há espaço para um senso de pertencimento duradouro. Com efeito, a sociedade contemporânea impõe um modelo de autoafirmação que, ao invés de gerar liberdade, resulta em angústia e cansaço existencial:

> A mudança foi, durante muito tempo, algo desejável porque estava associada ao horizonte de um progresso que deveria continuar indefinidamente e a uma proteção social que só poderia se expandir. Hoje, porém, ela é percebida de forma ambivalente, pois *o medo da queda e a insegurança quanto à capacidade de se manter superam amplamente a esperança de ascensão social.* Pareceria que restam apenas os efeitos negativos da mudança, resumidos nas palavras "vulnerabilidade", "fragilidade" e "precariedade". Mudamos, sim, mas já não temos mais a sensação de estar progredindo. Combinada a tudo que hoje incentiva a atenção à própria intimidade, a "civilização da mudança" estimula uma *preocupação massiva com o sofrimento psíquico.* Ele transborda por todos os lados e se traduz nos *múltiplos mercados do equilíbrio interior.* As tensões sociais manifestam-se agora nos termos da implosão, do *colapso depressivo* ou, o que dá no mesmo, da explosão – seja na forma de violência, de fúria ou da *busca por sensações.* A psiquiatria contemporânea nos ensina que a impotência pessoal pode cristalizar-se na inibição, explodir na impulsividade ou se manifestar em repetições incessantes de comportamento compulsivo[12].

O sociólogo francês Alain Ehrenberg afirma que o crescimento, a que se assistiu no século passado, dos casos de depressão reflete transformações profundas na maneira como a individualidade passou a ser concebida e exigida na sociedade hipermoderna. O autor propõe que a depressão não deve ser apenas entendida como uma categoria

12 Ehrenberg, 1998, p. 87, tradução e grifos nosso.

clínica, mas como um sintoma de uma nova normatividade social: o indivíduo livre e autônomo que se encontra sobrecarregado pela necessidade de se autorrealizar. Se essa afirmação era verdadeira no fim do último milênio, a diferença, agora, não é tanto sobre os fatores causais, mas sobre a manifestação clínica: à depressão se seguiu a ansiedade.

A mesma ascensão da sociedade do desempenho e do individualismo está por trás dos crescentes fenômenos de ansiedade, com o agravante do longo período de exposição global à pandemia de covid-19. Se as normas e limites claros de antanho, ao serem substituídas pela exigência de iniciativa, autodeterminação e sucesso contínuo, declinaram em depressão, ao se somar a elas a insegurança gerada pela presença invisível de um mal mortal, o que se viu foi o crescimento do medo, associado à ideia de que, na segurança dos próprios lares, era possível adquirir sucesso, estruturar comunidades e se desenvolver humanamente. O resultado disso é o que se vem chamando de "personalidade dopaminérgica"[13].

A ascensão dessa sociedade do desempenho não apenas redefine os critérios de sucesso e fracasso, mas também reformula a própria percepção de que as pessoas têm do próprio eu. Se antes a conformidade às regras era a principal preocupação, agora a questão central é a capacidade de se destacar e de gerir a própria trajetória, tornando-se uma personalidade – ah! Esse termo-talismã! Essa mudança de centro

---

13 Personalidade dopaminérgica é uma expressão que remete a traços comportamentais associados à predominância funcional do sistema dopaminérgico no cérebro. Em geral, caracteriza-se por alta busca por novidade, impulsividade, desejo de recompensa imediata, tendência à excitação diante de estímulos novos e necessidade constante de estímulo externo. Está correlacionada, em alguns estudos, a certos perfis de temperamento descritos na literatura neuropsicológica e pode ser observada tanto em configurações saudáveis quanto em quadros clínicos de desregulação afetiva ou comportamental. Cf. Cloninger (1986), Cloninger (2004) e Cloninger, Svrakic e Przybeck (1993).

de interesse gera um paradoxo: a liberdade ilimitada se converte em um fardo insuportável.

Com efeito, a ênfase na autorresponsabilidade e no empreendedorismo individual gerou um efeito colateral inesperado: a dissolução da solidariedade e a intensificação do sentimento de inadequação. O indivíduo contemporâneo não apenas precisa lidar com suas próprias inseguranças, mas também deve fazê-lo sozinho, sem contar com um conjunto estável de valores comunitários ou coletivos que orientem sua existência. Daí a genial expressão empregada por Ehrenberg (1998) como título de sua obra – *La fatigue d'être soi*, que pode ser traduzida por "o cansaço de ser si mesmo". Nessa expressão se encapsula a experiência principal do sujeito contemporâneo: a exaustão decorrente da necessidade constante de se reinventar, de se autogerir e de corresponder a expectativas cada vez mais difusas e inalcançáveis.

A exaustão psíquica gerada por essa lógica não é um detalhe acidental, mas um elemento central da experiência subjetiva na modernidade líquida. A busca interminável por validação e pertencimento cria um estado de ansiedade crônica, no qual a identidade nunca está consolidada, mas sempre em trânsito, sempre em um processo de "aperfeiçoamento" infinito. O medo de ser irrelevante ou de estar "desatualizado" na esfera digital alimenta um estado de vigilância e de comparação constante, gerando um ciclo de insegurança e de autoavaliação que mina a estabilidade emocional.

Haverá uma solução definitiva para esse dilema? Acredito que, sem uma reflexão crítica sobre todos os pressupostos que moldam nossa experiência de liberdade e responsabilidade, sem uma consciência clara do que nos move fundamentalmente e de como silenciamos a voz dessa moção original através de respostas efêmeras, sem que levemos a sério a insatisfação mesma por essa fragilidade, não apenas o sofrimento psíquico não será eliminado como acabará se tornando o motor de nossas ações.

O mercado de emoções e a exploração do sofrimento

Um último aspecto sobre a produção do desejo, na contemporaneidade, está ligado ao fato de que profissionais que atuam nas redes sociais frequentemente utilizem histórias de dor e superação como isca para atrair seguidores. Nesse processo, o sofrimento humano deixa de ser algo a ser cuidado e se torna artigo valioso.

Na esteira desse raciocínio, o escritor marxista francês Guy Debord (1931-1994), em 1967 – várias décadas antes da vinda à tona da mídia digital –, alertou contra o que ele chamou então de "sociedade do espetáculo"[14], na qual a experiência da vida é substituída por representações que servem para manter a atenção e alimentar e manter contínuo o consumo. Seu livro *A sociedade do espetáculo* apresenta, desde a primeira até a última das 221 teses, uma crítica radical – "conscientemente com a intenção de prejudicar"[15], sem nada exagerar – à sociedade capitalista moderna, descrevendo como a vida social foi progressivamente sendo mediada por imagens e representações que substituíram a experiência direta da realidade. Debord (1992) argumenta, na obra, que o espetáculo não é apenas um conjunto de imagens midiáticas, mas um modo de organização social[16] que transforma tudo em mercadoria, alienando o indivíduo e reduzindo-o a um consumidor passivo de símbolos[17].

---

14 Debord, 1992.

15 Debord, 1992, p. 8, tradução nossa.

16 Cf. idem, p. 10 (Tese 4).

17 Embora René Girard e Guy Debord tratem da manipulação do desejo e da percepção social, suas abordagens seguem direções diferentes. Girard (1978) enfatiza o desejo mimético, mostrando como os indivíduos desejam aquilo que outros já desejam, criando tanto imitação quanto rivalidade. Já Debord (1992) examina como o espetáculo transforma o desejo em um instrumento de controle social, convertendo tudo – inclusive emoções e sofrimento – em mercadoria. Enquanto Girard analisa os conflitos gerados pela mimese, Debord revela a estrutura sistemática que captura e recicla esses desejos dentro da lógica do consumo.

> Toda a vida das sociedades nas quais reinam as condições modernas de produção se apresenta como uma imensa acumulação de espetáculos. Tudo o que foi diretamente vivido se distanciou numa representação (Tese 1)[18].

De fato, não se pode negar que a experiência direta da vida foi substituída por sua representação espetacular, em que tudo o que se viveu de maneira autêntica acabou por se tornar uma imagem consumível. Esse é um fenômeno que você reconhecerá facilmente nas redes sociais (nos *stories* do Instagram, sobretudo): a exposição da vida cotidiana dos *influencers*, com sua "família Doriana", seu casamento dos sonhos, sua experiência pessoal que se torna regra de vida universal etc. Isso significa que, em vez de interações autênticas, os indivíduos passam a se relacionar entre si e com o mundo por meio de construções visuais, símbolos e narrativas fabricadas, cujo objetivo é reforçar a lógica do consumo.

O corolário dessa transposição da realidade para mera encenação, ao fim e ao cabo, adultera o próprio significado da verdade. No fabuloso mundo do espetáculo digital, o falso não apenas imita o verdadeiro, mas passa a ser o verdadeiro. Debord (1992) expressa isso na mais curta de suas teses: "No mundo *realmente invertido*, o verdadeiro é um momento do falso" (Tese 9)[19]. O espetáculo gera uma inversão na qual a ilusão ganha força ontológica, superando o próprio real.

É de se notar – e você já deve ter chegado a esta conclusão – que a lógica do espetáculo é inseparável da lógica da mercantilização. Debord (1992) descreve como a mercadoria assume papel central na organização da vida social. Ele afirma que o espetáculo é a expressão suprema da mercadoria, pois ele não apenas exibe bens de consumo,

---

18 Debord, 1992, p. 10, tradução nossa.

19 Idem, p. 12, tradução nossa, grifo do autor.

mas converte tudo em um objeto de consumo, incluindo emoções, relações e até mesmo a própria subjetividade humana. Sua Tese 34 sintetiza essa ideia, afirmando que "o espetáculo é o capital a um tal grau de acumulação que se torna imagem"[20], ou seja, o espetáculo, além de exibir mercadorias, se faz ele próprio um processo de acumulação de capital, uma extensão da lógica da mercadoria para o domínio simbólico.

Esse aspecto é particularmente relevante, leitor, quando aplicado ao mercado de emoções e à exploração do sofrimento nas redes sociais. O que antes pertencia à esfera privada ou terapêutica agora é parte de um circuito de monetização; pior: um circo em que as vidas são expostas à vigilância no picadeiro virtual. Em outras palavras, a dor humana se tornou uma *commodity* dentro do espetáculo digital.

Há, porém, na obra do escritor francês, um aspecto particularmente pertinente, no contexto do livro que você tem nas mãos: é a atenção ao papel das vedetes (ou estrelas), que funcionam como figuras exemplares do espetáculo. As estrelas, os *influencers*, as *personas* que eles querem encarnar não representam a individualidade autêntica; são, antes, produtos fabricados que exemplificam o que se espera dos sujeitos no sistema espetacular. Com efeito, os influenciadores digitais, além de venderem produtos, vendem a si mesmos como modelos ideais de vida e felicidade. Como afirma Debord (1992), "a vedete é a especialização da *aparência vivida*" (Tese 60)[21]. Dito de outra forma, o influenciador é um simulacro de vida autêntica que, no entanto, está submetido às exigências do espetáculo. No mercado da dor humana, essa dinâmica se intensifica, na medida em que os *influencers* manejam as *commodities* ao alcance de suas mãos – a imensa miríade de sofrimentos humanos.

---

20 Idem, p. 21, tradução nossa.
21 Idem, p. 34, tradução nossa, grifo do autor.

Além de ser um fenômeno econômico, o espetáculo é uma estratégia de controle social: a sociedade do espetáculo influencia o comportamento dos indivíduos e modela suas expectativas, desejos e modos de pensar. A alienação é imposta por repressão direta, como também pela sedução e pelo fascínio das imagens e narrativas midiáticas. E falar de "controle social", neste caso, deixa de ser uma estratégia de Estado, ou uma política nas mãos de poderosos, e passa a ser uma estratégia de alienação, de manipulação e controle empregada por qualquer um que detenha algum nível de poder.

É o que Debord (1992) afirma em sua Tese 24: "O espetáculo é o discurso ininterrupto que a ordem atual mantém sobre si mesma, seu monólogo laudatório. É o autorretrato do poder na época de sua gestão totalitária das condições de existência"[22]: o espetáculo legitima a estrutura social existente, fazendo os indivíduos a aceitarem como natural e inevitável. Quem nunca se deu por satisfeito – pois afinal, isso é "só a vida acontecendo" – com o argumento sobre a dita do influenciador, ou sua "genialidade comunicativa", ou seu pertencimento a alguma elite autoimpingida ou construída às custas de muito trabalho?

No contexto do mercado de emoções, esse mecanismo se manifesta na forma de uma cultura que reforça a hiperexposição da vida privada e a capitalização do sofrimento como algo aceitável e desejável. A dor – seja ela qual for –, nesse contexto, não deve ser superada, mas reciclada para manter a interação e a circulação das mercadorias digitais.

Vale lembrar que a espetacularização da dor não pode ser vista apenas como uma questão para ser discutida no campo da Economia ou da Sociologia; na verdade, este é evidentemente um problema ético e antropológico fundamental. Ao transformar a dor em mercadoria, perde-se a possibilidade de escuta real, de acolhimento genuíno,

---

22 Idem, p. 17, tradução nossa.

e o outro é reificado no jogo de interesses escusos que se estrutura na relação.

Qual a saída possível, neste cenário da sociedade do espetáculo digital? Tudo indica que a disposição inteligente para desmascarar a artificialidade das narrativas digitais, a resistência à mercantilização da subjetividade e a recuperação do valor da experiência autêntica, não mediada pelo espetáculo, são caminhos possíveis e necessários. Fato é que essa inescrupulosa exploração do sofrimento revela a face mais perversa da sociedade do espetáculo contemporânea: se ao tempo de Debord (1992) o espetáculo era a transformação da realidade em imagens, hoje ele é a conversão da subjetividade em capital. E isso não é mais aceitável.

Libertar o desejo da lógica mercadológica

Ao longo deste segundo ensaio, foi possível examinar de que maneira o desejo humano, em sua dinâmica intersubjetiva, foi progressivamente raptado por um sistema que o transforma em mercadoria. Das formulações clássicas sobre a imitação e o mimetismo, passamos à compreensão da modernidade líquida como um ambiente de fragilidade identitária, e, por fim, chegamos à espetacularização da experiência humana e à exploração do sofrimento como motor do consumo. O desejo, que deveria ser a expressão da interioridade e da busca genuína por sentido, é hoje uma engrenagem de um sistema que perpetua a insatisfação para garantir sua própria continuidade.

Se antes o consumo estava ancorado na posse de bens materiais, agora, ele se desloca para o domínio das emoções, das experiências e das identidades. A lógica mercadológica não oferece mais produtos de consumo; hoje, vende estilos de vida, emoções radicais e promessas mágicas e voluntaristas de autoaperfeiçoamento. No mundo digital, essa dinâmica atinge um nível sem precedentes: redes sociais e *influencers* criam e reforçam desejos miméticos, além de extraírem valor econômico do sofrimento, da vulnerabilidade e da instabilidade psíquica dos indivíduos. O que se vende – insisto! – não é solução, mas a continuidade de um problema que precisa permanecer irresoluto para garantir a recorrência do consumo.

Para libertar o desejo dessa lógica, é preciso, antes de tudo, reconhecer o mecanismo que opera por trás das estruturas do mercado digital. O primeiro passo para essa libertação é o *desvelamento crítico da maneira como os desejos são moldados e instrumentalizados* por discursos de autoridade – influenciadores, empresas ou instituições. Debord (1992) já alertava para o fato de que o espetáculo encobre a realidade, além de substituí-la, tornando-se um sistema autossustentável de alienação e consumo.

A segunda via para a libertação do desejo me parece passar pela *recusa da narrativa da escassez*. Ao perpetuar a ideia de que há sempre algo faltando, de que o indivíduo precisa de mais – mais autoestima, mais produtividade, mais pertencimento, mais feminilidade, mais "autenticidade", mais força, mais personalidade, mais beleza... –, a lógica do consumo acaba por fazer perdurar também o ciclo de busca e frustração.

Por fim, libertar o desejo da lógica do mercado exige um *deslocamento da busca identitária baseada no consumo para uma busca baseada na presença real e na experiência autêntica*. A modernidade líquida nos colocou diante de uma realidade na qual as identidades se tornaram maleáveis, transitórias e, frequentemente, mercantilizadas. O desafio, então, é recuperar uma noção de identidade que seja o resultado de um processo de autoconsciência, compromisso e pertença genuínos. Isso significa resgatar o valor da interioridade, da escuta, da experiência direta com o mundo e com os outros, sem a mediação de filtros espetaculares que transformam cada interação humana em um produto a ser vendido.

Esse deslocamento não é trivial, eu sei. Ele implica romper com a gramática que estrutura nossa experiência contemporânea, nesse cenário de virtualidades digitais. Libertar o desejo significa resistir à imposição de modelos prontos de felicidade e autoaperfeiçoamento, reconstruindo uma relação com o mundo que não seja pautada pela lógica do espetáculo e do consumo.

A questão que se impõe, então, não é se é possível escapar completamente dessa engrenagem, e sim se é possível interromper sua influência com caráter determinante sobre nossas vidas. Em última instância, libertar o desejo da lógica mercadológica significa restituir ao sujeito a posse sobre sua própria experiência e devolver à realidade seu caráter de experiência viva.

Se há uma conclusão a ser tirada deste percurso, é que a transformação dessa estrutura não virá de dentro do sistema que a perpetua. Se o espetáculo é o "discurso ininterrupto que a ordem atual mantém sobre si mesma", a mudança só poderá acontecer quando rompermos esse discurso e redescobrirmos o que significa desejar autenticamente, sem que esse desejo seja definido pelas demandas do mercado mantidas pela lógica da idolatria digital[23]. É só num resgate da interioridade que pode residir uma alternativa real ao ciclo da insatisfação e do consumo, um caminho para libertar o desejo e restituí-lo à sua dignidade original.

Como provocação para que você pense sobre tudo o que leu, leitor, eu pergunto: ao reconhecer que nossos desejos podem não ser inteiramente nossos, qual seria o primeiro passo para recuperar uma relação

---

23 Neste ponto, vale a pena retomar o conceito de "experiência elementar", tal como se encontra desenvolvido em Giussani (2009). Para o autor, a estrutura ontológica da pessoa humana é urgência de sentido, de forma que, segundo ele, todo desejo só é autêntico desejo se, em última instância, apontar para o objeto capaz de saciar essa sede que nos dá a forma: a sede de Verdade, de Bondade, de Beleza, de Justiça, de Liberdade... a sede de Sentido.

mais autêntica com aquilo que realmente queremos? O que terá o condão de despertar aquele grito constitutivo do nosso ser? Aquele grito que nos faz dizer que nada do que pensamos desejar autenticamente é suficiente. Aquele grito que nos lembra de que nada para o que esses desejos imitados apontam basta.

3

Capitalismo de vigilância e o mercado da saúde mental

Nós somos os meios para os fins dos outros. O capitalismo industrial transformou as matérias-primas da natureza em *commodities*, e o capitalismo de vigilância reivindica a própria natureza humana para uma nova invenção de *commodities*. Agora é a natureza humana que é explorada, despojada e apropriada para o projeto de mercado de um outro século.

Shoshana Zuboff

As redes sociais não são meros espaços de livre troca de ideias ou de interação despretensiosa entre indivíduos. Sem querer ser o arauto de teorias conspiratórias, é preciso, porém, que se tenha consciência do fato de que elas são, sim, parte integrante de um sofisticado sistema econômico que tem na extração de dados sua principal fonte de riqueza. A psicóloga social norte-americana Shoshana Zuboff denomina esse modelo de "capitalismo de vigilância", um regime em que informações sobre comportamentos, emoções e padrões de consumo dos usuários são coletadas, analisadas e transformadas em previsões para alimentar mercados lucrativos, por meio de microinterações, cliques, tempo de tela etc. É o que a autora enfatiza quando, bem no início de sua obra, afirma que "somos os meios para os fins dos outros", radicalizando o conhecido adágio maquiavélico[1]. Nesse modelo, não são apenas os produtos e serviços que circulam no mercado; a própria subjetividade humana é transformada em mercadoria. O que antes se restringia à publicidade direcionada agora se expande para a modelagem de comportamento, influenciando as decisões dos indivíduos de maneira imperceptível.

O mercado da saúde mental, ao migrar para o ambiente digital, não permaneceu imune a essa lógica. Pelo contrário, ele se tornou um dos setores mais vulneráveis à mercantilização desenfreada promovida pelo capitalismo de vigilância. Se, no passado, a busca por bem-estar psíquico era mediada pelo vínculo terapêutico e pela introspecção, hoje ela está cada vez mais associada à lógica algorítmica. Em vez de um espaço de acolhimento e aprofundamento – que não é impossível que seja –, as redes sociais transformaram o sofrimento em um ativo lucrativo, consolidando um mercado da dor. *Influencers* que se apresentam como os especialistas da hora – frequentemente sem qualquer preparo adequado – vendem promessas de cura e autoaperfeiçoamento, sempre com ares novidadeiros e expõem-nos nas prateleiras desse supermercado de ilusões que, ao fim, só faz perpetuar a ansiedade, a insegurança e a sensação de insuficiência.

O presente ensaio examina como o conceito de "capitalismo de vigilância" pode ser usado como critério para uma melhor compreensão do fenômeno abordado nesta obra. Para isso, quero lhe mostrar, leitor, como funciona esse modelo econômico, apontando a maneira como, histórica e socialmente, ele se apropria das interações humanas e as traduz em dados monetizáveis. Longe de ser um fenômeno cola-

1 Zuboff, 2019, p. 66, tradução nossa.

teral, essa monetização da saúde mental nas redes sociais me parece ser um dos sintomas mais perversos do capitalismo de vigilância.

O capitalismo de vigilância: do comportamento ao lucro

Zuboff (2019) descreve o capitalismo de vigilância como um modelo econômico em que as experiências humanas são transformadas em dados de comportamento, que, por sua vez, são usados para prever e influenciar futuras estratégias de controle do consumo. No contexto das redes sociais, cada interação com determinado conteúdo é registrada e analisada automaticamente. Esses dados são usados como parte do dinamismo de funcionamento das redes, não apenas para direcionar publicidade, mas também para moldar os próprios conteúdos que os usuários passarão a consumir, independentemente de seu interesse.

Profissionais de saúde mental que atuam nas redes estão, obviamente – consciente ou inconscientemente –, inseridos nessa lógica. Tudo o que produzem é ajustado para maximizar o engajamento, muitas vezes priorizando o impacto emocional sobre a substância do conteúdo ou a autenticidade dos influenciadores: *slogans*, frases de efeito, termos-talismã, imagens idílicas de contextos familiares, ambiguidades e contradições alimentam o ciclo de consumo marcado exclusivamente pelo teor emocional, sem oferecer nenhum suporte real.

O capitalismo de vigilância, além de explorar os estados emocionais, redefine a subjetividade ao longo do tempo. No ambiente digital, os indivíduos passam a experimentar sua identidade a partir da lógica do "olhar externo", em que a autoimagem é continuamente moldada pelas validações das redes. Zuboff (2019), por exemplo, menciona um estudo que revela que "os jovens encontram-se imersos numa vida de colmeia, onde o outro é um 'isso' para mim, e eu me experimento como o 'isso' que os outros veem"[2]. Esse deslocamento gera um estado de insegurança permanente, aumentando a suscetibilidade a narrativas de bem-estar artificial promovidas pelos influenciadores digitais[3].

Já não é estranho o comportamento performativo de massa: inúmeros seguidores que se tornam cópias da *persona* criada pelo influenciador. Cópias em tudo: modo de falar, modo de se vestir, conteúdo do que falam, modo de se comportar. Quantos há que, inclusive, extrapolam esse mimetismo para o âmbito das mais diversas relações cotidianas, comportando-se contra as próprias raízes mais profundas[4]. Não há, nessa atitude – e penso, obviamente, no efeito sobre a saúde mental da pessoa humana, na sua integralidade –, a preocupação com o acompanhar as pessoas ou mesmo apontar para a necessidade de uma consciência clara da própria experiência e história, de suas tradições e pertença comunitária original, desenraizando-a mais do que

2 Zuboff, 2019, p. 279, tradução nossa.

3 Além disso, o fenômeno da conhecida "contaminação emocional", demonstrado em experimentos conduzidos pelo Facebook, revela como o ambiente digital amplifica emoções negativas de maneira subliminar: "Os estados emocionais podem ser transferidos para outras pessoas por meio do contágio emocional, levando as pessoas a vivenciarem as mesmas emoções sem que elas percebam" (idem, p. 172, tradução nossa).

4 Vale mencionar o trabalho de Stein (2002), no qual a autora refere o fenômeno do "contágio psíquico", que merece destaque neste contexto discutido. Nos últimos anos, a palavra "empatia" tornou-se um termo de uso corrente: campanhas publicitárias, treinamentos empresariais, conteúdos de redes sociais e até mesmo materiais de educação emocional passaram a prescrever a empatia como solução universal para os males da convivência. O problema é que, nesse processo de popularização, o termo perdeu precisão e, por isso, acabou por passar a designar tudo: de simpatia à identificação emocional, de acolhimento afetivo à fusão emocional. Fato é que isto a que se vem chamando banalmente de empatia está ligado, antes, à ideia de "contágio psíquico", que, segundo Stein (2002), é um fenômeno pré-intencional, ou seja, é automático, não refletido e vinculado, portanto, à perda da consciência de alteridade. O contágio psíquico é uma reação involuntária que se espalha por imitação, sem reflexão, muitas vezes em contextos coletivos ou de massa. Em outras de suas obras, Stein (2004), debruçando-se sobre o fenômeno da empatia, lembra que "quem não sente valores por si mesmo, mas adquire todos os sentimentos apenas por contágio de outros, não pode experimentar 'a si mesmo', não pode tornar-se uma personalidade, mas, no máximo, a ilusão de uma" (p. 129, tradução nossa).

cooperando com o seu caminho de autoconsciência. Tudo isso só é possível porque, no fim, se estrutura um padrão de sectarismo, no qual os usuários internalizam a lógica da vigilância: há como que um *Grande Irmão* interior, que passa a condicionar não somente os comportamentos de consumo dos indivíduos, mas também seu modo de se relacionar com os outros, tornando-os vigias, funcionários da *Polícia do Pensamento* do influenciador[5].

Num rápido passeio pelas redes sociais, é fácil descobrir o que passou a se chamar "bolha" – nome novo para uma velha realidade: a massa. A "bolha" é feita de indivíduos inautênticos que, em sua suposta autoexpressão, sustentam-se no desejo de validação, ainda que a própria ideia de "validação" seja tantas e tantas vezes acusada de imaturidade. O seguidor precisa ser validado pela "assembleia de vozes"[6], o seguidor precisa ser validado pela "bolha", o seguidor precisa ser validado pelo *influencer* que estende sua influência, através dos braços de seus "fiéis" seguidores, até ao mais íntimo âmbito das vidas das pessoas: é um ciclo interminável. A própria reiterada acusação de imaturidade é, uma vez mais, um modo de promoção da mesma lógica: a pessoa sente uma potente necessidade de ser validada na sua acusação de imaturidade da validação.

O sociólogo coreano Byung-Chul Han argumenta a esse respeito que a sociedade contemporânea substituiu os modelos disciplinares clássicos (baseados na repressão e no controle externo), descritos pelo filósofo e historiador francês Michel Foucault (1926-1984), por um sistema de autoexploração marcado pela "positividade", no qual os indivíduos internalizam a lógica do desempenho e da produtividade

---

5 Cf. Orwell, 2009.

6 Não mais formada pela reflexão e pelo estudo – pois os seguidores não são convidados ao pensamento, mas ao mimetismo –, não mais marcada pela flexibilidade – pois os seguidores não são convidados à liberdade de pensamento. Mas, nesse cenário, a "assembleia de vozes" é formada pela lógica do "capitalismo de vigilância" e pela rigidez.

contínua – nada mais positivamente desejado pelo sectário da "bolha" e promovido pelo *influencer*. Com efeito, o sujeito do puro desempenho é mais rápido e mais produtivo do que o sujeito disciplinar foucaultiano, pois explora a si mesmo voluntariamente, sem necessidade de um patrão ou de um vigilante externo[7]. É mais do que evidente o quanto a busca incessante pela melhoria pessoal e pela *performance* ininterrupta (seja no trabalho, no autocuidado ou no desenvolvimento pessoal) é reforçada pelas redes sociais e pelo capitalismo de vigilância.

No contexto das redes, a mercantilização da saúde mental se manifesta sobretudo na proliferação de conteúdos "positivos" que exigem alto desempenho. Esse excesso de positividade leva a um colapso psíquico: *burnout*, depressão e ansiedade não são mais sinais de resistência psíquica ao sistema, mas sintomas da hiperprodução subjetiva. O sofrimento psíquico contemporâneo sugere que, longe de ser uma anomalia, é uma consequência direta da autoexploração e da exigência de constante otimização pessoal, tal como, outrora, afirmava Ehrenberg (1998). É simples: ao ser raptada pelo capitalismo de vigilância, a saúde mental não se tornou apenas uma *commodity* como também uma obrigação individual, cujos limites são continuamente definidos – e redefinidos – pelos mercadores digitais de felicidade.

Nesse mesmo contexto, é preciso lembrar que os algoritmos das redes sociais, ao privilegiarem conteúdos que geram engajamento emocional, intensificam a lógica da autoexploração descrita por Han (2017). A cultura da positividade compulsória acaba por recriar o paradoxo já mencionado: ao mesmo tempo que o sofrimento é hipervisibilizado, ele nunca é tratado em profundidade, pois o objetivo, mais que curar, é engajar o usuário da rede social.

Um exemplo dessa dinâmica pode ser encontrado na tendência que se criou de fazer da dor e do sofrimento um objeto de escárnio

---

7 Han, 2017.

dissimulado – "deixa de mimimi!", "para de ser imaturo!", "seja assim!", "faça isto!", "*esto vir!*" etc. Quantos *bytes* não foram gastos para justificar essa atitude, com o argumento de que se está considerando uma pessoa genérica e não um indivíduo preciso que tenha trazido uma dor específica! Mas quantos foram os que se incomodaram por ter repetido o mesmo movimento ou execraram essa atitude sendo assumida como natural por parte dos terapeutas digitais? Quantos profissionais – em algum momento – se houveram com o dilema ético desse tipo de atitude em que a conformação à lógica digital – seja a dos algoritmos que a dos *influencers* – se sobrepôs ao dever do cuidado?

Está claro que o capitalismo de vigilância coleta e analisa dados, mas também molda a subjetividade dos usuários em conformidade com uma intenção escondida. Quando o que está em jogo é a saúde mental, isso significa que os usuários são constrangidos a consumir conteúdos sobre bem-estar escolhidos segundo os interesses mercadológicos de seus disseminadores, mas também acabam por internalizar padrões irreais de felicidade e cura, definidos também arbitrariamente pelas mesmas *personas* inautênticas recorrentemente expostas nas redes sociais. A questão que se impõe, portanto, não é apenas sobre a exploração do sofrimento, mas sobre a colonização de nosso próprio desejo.

A saúde mental como mercadoria digital

No capitalismo de vigilância, tudo pode ser transformado em mercadoria – inclusive e malfadadamente a saúde mental. Essa mercantilização cria uma dicotomia perigosa: enquanto aqueles profissionais de saúde mental preocupados com uma atuação ética buscam aprofundar o cuidado e a relação com seus pacientes, o mercado digital prioriza a superficialidade e a escalabilidade, perpetuando o adoecimento e oferecendo soluções sempre incompletas, cujo objetivo é manter os usuários presos a ciclos de frustração.

O cenário atual no qual atuam os mercadores de bem-estar é caracterizado pela comercialização dos mais variados produtos: nas prateleiras desse bizarro hipermercado digital estão expostos a cura para a pornografia em um carrossel, o casamento ideal em três *lives*, a maturidade em uma aula de duas horas, a alta performance profissional em 1.200 frases, a maternidade perfeita em 50 horas de curso *online*, a excelência na atuação como terapeuta em um manual definitivo... a variedade de produtos é grande e se destina aos mais variados gostos dos consumidores: do cético mais inflexível ao crente mais rigoroso, do ortodoxo ao heterodoxo, do radical ao relativista, todos encontrarão uma resposta agradável. No fim, todas as diferenças se dissolverão na massa digital de seguidores que crescerá dia a dia. Mas a ambiguidade seguirá sendo a marca do discurso, porque sempre será preciso crescer.

Não há quem não se encante com a embalagem desses produtos. E, quando o consumidor se cansa da embalagem, basta trocar e dizer que é uma novidade. Quem já não caiu nesse charlatanismo? Vítima do apelo emocional de uma *live* de lançamento, na qual o *pitch* de vendas é, como sói acontecer, cheio de gatilhos – foco na "dor do *lead*", exclusividade da solução oferecida, quebra de objeções, escassez do produto, garantia de satisfação... e o número de seu cartão de crédito digitado no devido campo do formulário de venda. Ao chegar ao produto, o consumidor de felicidade instantânea encontra uma ou duas aulas acessíveis, cujo conteúdo prepara para o que virá, e com a promessa de que as demais serão disponibilizadas em breve. Passados os dias de garantia, liberam-se aulas que, na verdade, não passam da gravação de encontros presenciais, antigas aulas, tudo numa nova roupagem ou organização. Resultado? Frustração. Mas quantos são os que acusam em si a dor e manifestam-na? É tão melhor se saber membro do grupo exclusivo do WhatsApp ou do Telegram; é tão melhor poder falar para os amigos que comprou o produto – e se tornar o novo alvo de um mimetismo que só beneficia o influenciador digital – que, ao fim e ao cabo, o silêncio sobre a frustração, o acobertamento, o viver uma fidelidade servil, o abandono da própria inteligência, tudo isso parece ser o menor preço a pagar.

A aquisição desses produtos, na maior parte das vezes, está vinculada à ideia de cura performativa, na qual o bem-estar do seguidor é parte do espetáculo do qual o influenciador é o personagem principal, com sua história de triunfo pessoal que o fez alcançar os píncaros do Olimpo dos hipermaduros endinheirados: terapia de palco, terapia da contenda e do palavrório, terapia de grupo, terapia espetaculosa do bem-estar alcançado publicamente, e exibido e vendido como resultado instantâneo... terapia descartável.

Multiplicam-se as soluções rápidas e restam dúvidas sobre dúvidas: qual o impacto disso tudo que se viu até aqui para a psicologia como ciência? Se a psicologia moderna se ergueu sobre uma epistemologia que valoriza o fato, a evidência, a clara compreensão das relações de causalidade, como pode se sustentar no tempo essa forma mágica de suposta terapêutica? Se, do ponto de vista antropológico mais integral, a pessoa humana deve ser vista – inclusive e sobretudo pela psicologia – como um ser tridimensional (dotado de vida biológica, psíquica e espiritual), o que justifica esse modo de atuação em que tudo se joga tão somente no aparato somatopsíquico dos indivíduos? Como essas promessas, repetidas vezes feitas para o público, revelam a desvalorização da complexidade do sofrimento psíquico? Fato é que o consumo de produtos digitais voltados para a saúde mental nas redes sociais não apenas altera a maneira como pensamos o sofrimento, mas redefine o que significa ser saudável. A busca pelo bem-estar se torna uma questão de *status* e consumo, reforçando a lógica de um sofrimento eterno – pois um paciente curado não gera engajamento nem lucro.

O papel dos algoritmos no adoecimento coletivo

Acredito que já esteja suficientemente evidente, leitor, o quanto a saúde mental, tal como é abordada nas redes sociais, se tornou um campo onde se travam batalhas invisíveis, nas quais os algoritmos não apenas são programados para repercutir de forma continuada os sofrimentos, as chamadas "dores dos usuários", como também os amplificam, transformando o mal-estar psíquico em uma condição permanente e lucrativa. Se há um inimigo invisível nesse cenário, ele, de certo, não é tão somente o estresse moderno, mas a própria estrutura digital que assegura sua perpetuação.

Uma coisa é certa, os algoritmos sobre os quais se sustenta a dinâmica das redes sociais não são neutros. Sua principal função, com efeito, é maximizar o tempo de permanência dos usuários na plataforma, garantindo que interajam e consumam cada vez mais e com cada vez maior superficialidade. Não é sua função precípua, portanto, oferecer conteúdos relevantes ou promover debates saudáveis e profundos. Para conquistar seus objetivos, essas estruturas digitais são desenhadas para capturar a atenção do usuário e estimular reações emocionais que, quanto mais intensas, melhor. E, para o cérebro humano, nada gera mais engajamento do que conteúdos que acionam respostas emocionais profundas, especialmente aquelas ligadas a emoções negativas como medo, indignação e tristeza.

Especialmente quanto ao que concerne à saúde mental, esse dinamismo se traduz em uma hiperexposição de conteúdos relacionados aos mais variados tipos de sofrimento psíquico. Influenciadores e produtores de conteúdo, mesmo que inconscientemente, acabam seguindo essa lógica. A consequência disso é que se estabelece um ambiente onde o verdadeiro bem-estar nunca é promovido, sobrando apenas um estado de fragilidade permanente, no qual os usuários oscilam entre a identificação com o sofrimento alheio e a busca incessante por uma solução rápida para seus próprios dilemas emocionais.

As redes sociais foram construídas para serem viciantes. Sua estrutura é baseada na mesma lógica de cassinos e máquinas caça-níqueis, utilizando recompensas intermitentes para manter os usuários presos a ciclos de expectativa e gratificação. A cada interação o cérebro libera pequenas doses de dopamina, um neurotransmissor associado ao prazer e à recompensa. No entanto, essa liberação não ocorre de maneira contínua e previsível, mas de forma irregular, o que faz os usuários voltarem repetidamente às plataformas em busca de uma nova dose de satisfação ou permanecerem fixados na sequência de *stories* ou na rolagem de *reels*.

No campo da neurociência, esse fenômeno passou a ser conhecido como o *ciclo de dopamina digital*[8]. Estudos demonstram que as redes sociais são capazes de condicionar o cérebro a responder compulsivamente a estímulos digitais, promovendo um estado de vigilância constante. O usuário oscila entre a frustração da espera e o alívio momentâneo da recompensa, reforçando um comportamento viciante semelhante ao que é encontrado em transtornos compulsivos ou adicções as mais variadas.

Se se traz essa lógica para o âmbito da saúde mental – nossa maior preocupação –, esse ciclo se torna ainda mais perverso. Não é demais repetir que as redes sociais não apenas capturam a atenção dos usuários como também acondicionam suas emoções em formatos de vivência definidos arbitrariamente como maduros, promovendo estados de ansiedade e de insegurança. É sabido e estudado que o uso excessivo dessas plataformas está associado a um aumento nos níveis de depressão e ansiedade, especialmente entre jovens. Um exemplo é o estudo

8 Cf., entre outros, Dresp-Langley (2023), De *et al.* (2025) e Sharpe e Spooner (2025).

publicado na *International Review of Psychiatry*, em 2020, que sugere que adolescentes que passam mais tempo nas redes sociais apresentam maior propensão a sintomas depressivos, devido à exposição constante a comparações sociais e ao reforço de padrões inatingíveis de felicidade e sucesso[9]. Outro estudo relevante, publicado pela *JAMA Network Open*, em 2024, mostra a relação entre o uso de redes sociais e o aumento do risco de suicídio entre jovens[10].

Debord (1992) já alertava sobre a transformação da vida em um *show* contínuo de representações forjadas com o intuito de capturar a atenção e reforçar a lógica do consumo. No contexto das redes sociais, essa estratégia se intensifica e potencializa: influenciadores que compartilham relatos emocionais de sofrimento ou de sucesso, que fazem *reacts* aos sofrimentos públicos ou privados de desconhecidos ou de famosos, rapidamente conquistam seguidores, pois suas narrativas geram engajamento e identificação.

Nesse ambiente, as identidades se fragilizam, pois, como se disse antes, a validação externa passa a ser o critério de valor do indivíduo. O resultado disso, generalizando e amplificando a lógica também para os consumidores de conteúdo, é que a autoimagem do sujeito contemporâneo se torna instável, totalmente sujeita à volatilidade dos algoritmos e à demanda contínua por exposição emocional.

Mas fique claro que essa espetacularização do sofrimento não leva a uma compreensão real do sofrimento psíquico, mas sim a uma normalização da fragilidade emocional como um estado permanente. Em vez de promover resiliência e enfrentamento, essa cultura reforça a

---

9 Cf. Vidal, Lhaksampa, Miller e Platt, 2020. Acerca do mesmo assunto, podem-se conferir alguns estudos recentes: Dias, Sanches e Barbosa (2024), Ivie, Pettitt, Moses e Allen (2020), Keles, McCrae e Grealish (2019) e Shannon, Bush, Villeneuve, Hellemans e Guimond (2022).

10 Cf. Jaycox, Murphy, Zehr *et al.*, 2024. Confira também, na mesma revista, o artigo de Perlis, Uslu, Schulman *et al.*, 2025.

ideia de que o desamparo psíquico deve ser constantemente exibido e consumido. Essa exposição contínua faz os usuários internalizarem a necessidade de compartilhar suas dores – quem já não foi cooptado a integrar uma "comunidade" digital (mães *homeschoolers*, ansiosos, viciados em pornografia, compulsivos etc.)? –, a fim de serem legitimados em suas dores, transformando suas próprias experiências em produtos dentro do mercado da atenção.

A cultura da superação contínua, amplamente promovida nas redes, reforça ainda mais esse ciclo. A promessa de que é possível se tornar uma "versão melhor de si mesmo" – desde que se sigam determinadas fórmulas ou se adquiram determinados produtos – cria uma pressão constante por transformação. O problema é que essa transformação, além de não ser conforme o conhecido adágio pindárico "homem, torna-te o que és", nunca é real ou definitiva: sempre há um novo desafio, um novo curso, uma nova técnica que precisa ser incorporada para que o indivíduo alcance o equilíbrio emocional prometido. Dessa maneira, a lógica do espetáculo garante que o sofrimento não seja superado de fato, mas sim reciclado em narrativas que perpetuam o consumo.

O efeito colateral dessa cultura de autoaperfeiçoamento incessante é o que Han (2017) chama de autoexploração psicológica, a que fiz referência acima. O indivíduo contemporâneo não precisa mais ser coagido por uma autoridade externa para trabalhar ou se expor; ele se submete quase que voluntariamente à lógica da *performance*: e a saúde mental deixa, então, de ser um estado que se conquiste a duras penas, para se tornar uma *performance* quase teatral, herculeamente mantida para ser validada pelo público.

Diante disso, uma vez mais é preciso dizer que a resistência passará não apenas por questionar os discursos dominantes, mas por recuperar formas mais autênticas e profundas de lidar com o sofrimento psíquico. E você, leitor, talvez já esteja, há algumas páginas, se perguntando como isso pode ser feito. Por ora, o seu incômodo, cada vez mais amparado pelas reflexões feitas até este ponto, será o motor para que se dedique a um maior aprofundamento. Basta, por enquanto, que tenha chegado à conclusão de que, enquanto as redes sociais continuarem a ditar os parâmetros da saúde mental, a fragilidade emocional permanecerá sendo um dos ativos mais rentáveis do capitalismo digital.

Repensar o mercado da saúde mental nas redes

O capitalismo de vigilância, como vimos, converteu a saúde mental em um ativo econômico, ampliando a fragilidade psíquica e moldando desejos e comportamentos para perpetuar o engajamento e o consumo. Se a lógica do capitalismo de vigilância é estruturalmente incompatível com um cuidado genuíno, a pergunta inevitável que se impõe é: como resistir a esse modelo sem cair na armadilha do isolamento ou da ingenuidade? A resposta não está em uma rejeição simplória das redes sociais – o que, aliás, seria pouco realista para muitos. Na verdade, é preciso que se busquem alternativas que preservem a integridade da prática terapêutica e da relação humana com o sofrimento.

Para profissionais de saúde mental que desejam atuar sem reforçar esse pensamento mercadológico, algumas estratégias são essenciais. Em primeiro lugar, é necessário *resistir à tentação da superficialidade e da viralização a qualquer custo.* O conhecimento psicológico não pode ser reduzido a frases de efeito ou promessas de transformação imediata. O psicoterapeuta, ao invés de querer ser um *influencer* de autoajuda, deve permanecer um guardião do tempo, da escuta e da profundidade.

Além disso, é fundamental *recuperar a importância da intimidade e do sigilo terapêutico.* A hiperexposição das dores e dificuldades pessoais, transformadas em moeda de troca para engajamento, esvazia a experiência do cuidado genuíno. O espaço terapêutico – seja ele clínico ou comunitário – precisa ser um contraponto à espetacularização da fragilidade. Isso significa que é preciso reafirmar que há experiências que não devem ser expostas publicamente, não porque sejam vergonhosas, mas porque pertencem à esfera do íntimo, do que só pode ser vivido e compreendido na profundidade do encontro humano.

Ainda há a necessidade de um *uso mais consciente das ferramentas digitais*. Isso pode incluir a criação de espaços protegidos de reflexão e troca, em que a lógica da interação seja pautada pela construção de diálogos que favoreçam um verdadeiro aprofundamento. É possível e necessário explorar, de maneira inteligente, formatos que privilegiem o pensamento crítico e a formação sólida.

No cerne dessa discussão está uma questão ainda mais profunda: até que ponto nossos sofrimentos são autênticos? Até que ponto não foram moldados para que permaneçamos consumindo? O mercado digital da saúde mental se apoia na colonização do desejo, no convencimento de que há sempre algo faltando, algo a ser corrigido, uma lacuna a ser preenchida, uma nova narrativa de superação. Mas e se parte dessa inquietação fosse artificialmente fabricada? E se o próprio ideal de bem-estar promovido nesses espaços fosse, na verdade, uma cilada que mantém o sujeito permanentemente insatisfeito?

O verdadeiro desafio, a resistência possível, começa pelo desejo de recuperar a profundidade das relações humanas, longe da lógica do engajamento e do consumo. Isso implica criar espaços de discussão pautados numa postura ética e existencial diante do sofrimento humano. Um debate no qual os envolvidos tenham clareza acerca dos fundamentos epistemológicos e antropológicos do próprio afazer.

Para romper com a lógica instalada na cultura hipermoderna descrita até este ponto, é necessário *recuperar a autonomia sobre a experiência subjetiva e revalorizar formas de cuidado que não sejam mediadas por interesses mercantis*. Caso contrário, a saúde mental permanecerá refém de um modelo econômico que lucra com a vulnerabilidade humana, transformando o sofrimento em um ativo negociável e o alívio em uma promessa sempre adiada.

A pergunta final, então, deve ser dirigida a você, leitor: é possível viver fora dessa lógica? Se sim, como? Certamente a resposta não é fácil nem simples, como nada que realmente interessa na vida humana. Não obstante isso, é fácil crer que a resposta começará com um primeiro passo essencial: reconhecer que, antes de qualquer solução, é preciso recuperar o controle sobre aquilo que nos afeta, sobre o que realmente desejamos, e sobre o que significa, para cada um de nós, uma vida verdadeiramente saudável e humana. Enquanto não tomarmos consciência dessa lógica, permaneceremos reféns de um modelo que lucra com nossa insegurança e fragilidade. *A verdadeira oposição começa quando recusamos o papel de consumidores da nossa própria subjetividade e reivindicamos um espaço onde a experiência humana seja o próprio fundamento de nossa liberdade.*

4

Psicopatologia do poder: manipulação e psicodinâmica social

> Neuroses são geradas não apenas por experiências individuais incidentais, mas também pelas condições culturais específicas sob as quais nós vivemos.
>
> Karen Horney

Apresentando-se como guias, mentores ou até mesmo como versões contemporâneas de sábios e filósofos, os influenciadores digitais que atuam no campo da saúde mental exercem poder significativo sobre grandes audiências. Todavia, por trás do verniz de autoridade e empatia – esta última nem sempre presente –, há uma dinâmica psicológica mais profunda que precisa ser compreendida: a relação entre manipulação, dependência emocional e perpetuação de estruturas de poder autoritárias, que se tornam ainda mais insidiosas na medida em que operam sob a aparência de ajuda e orientação.

Para compreender esse fenômeno, não bastam os critérios apresentados nos precedentes ensaios. É preciso investigar também as raízes psicológicas da manipulação e da submissão voluntária. O psiquiatra polonês Andrew Łobaczewski (1921-2007), ao desenvolver o conceito de ponerologia, argumentou que indivíduos com transtornos de personalidade, como a psicopatia, frequentemente ascendem a posições de influência, distorcendo instituições e discursos para manter o controle sobre grupos inteiros. No universo digital, essa influência não precisa se manifestar na política ou no poder formal; basta a habilidade de dominar narrativas e criar estruturas de lealdade inquestionável.

Mas há outro elemento fundamental que se soma a essa perspectiva: o papel da neurose coletiva na sustentação dessas figuras. Como apontou a psicanalista alemã Karen Horney (1885-1952), sociedades marcadas pelo medo da rejeição, pela competitividade extrema e pelo culto à perfeição produzem indivíduos altamente suscetíveis a discursos de autoridade emocional. A busca por aprovação e adesionismo, tão característica das personalidades neuróticas, torna-se o combustível perfeito para que manipuladores carismáticos consolidem seu domínio psicológico sobre multidões.

Dessa forma, o fenômeno do *influencer* não se limita à esfera do *marketing* ou da produção de conteúdo: ele representa uma nova forma de poder psicológico, na qual os seguidores, ao invés de apenas consumidores passivos, tornam-se peças ativas em uma engrenagem de dependência emocional e obediência simbólica. Combinando o conceito de patocracia de Łobaczewski e a análise da neurose social de Horney, este ensaio examinará como essas figuras operam, quais mecanismos utilizam para capturar e manter sua audiência e quais são as consequências desse modelo de autoridade digital para a saúde mental coletiva.

Andrew Łobaczewski: psicopatia e ideologias manipuladoras

Ficou claro, até aqui, o forte impacto da lógica de mercado quando aplicada às "relações"[1] tal como são estruturadas no ambiente

1 As aspas são necessárias, nesse caso, para chamar a atenção para o fato de que o que acontece não poderia mesmo ser chamado de relação *tout court*, na medida em que

digital. Há, no entanto, nesse fenômeno, uma dimensão psicológica mais complexa, que envolve a forma como determinadas figuras manipulam, exercem controle e perpetuam padrões de adoecimento em seus seguidores. Para entender essa dinâmica, a teoria da ponerologia, proposta pelo médico psiquiatra Andrew Łobaczewski[2], oferece uma chave interpretativa fundamental.

Łobaczewski (2014) estudou como indivíduos com traços psicopáticos – marcados pela falta de empatia, propensão à manipulação e desejo de controle – ascendem ao poder e subvertem discursos para atender a interesses próprios. Segundo ele, sociedades inteiras podem ser contaminadas por esses indivíduos, levando à instalação de sistemas patológicos de dominação, a que ele deu o nome de patocracia. Não há quem não consiga enumerar alguns notórios exemplos disso, na história mundial. No contexto digital, essa patocracia não se expressa da mesma forma que nos regimes políticos autoritários, mas sim na ascensão de figuras carismáticas que moldam a percepção de seus seguidores, conduzindo-os a um estado de obediência psicológica e dependência emocional.

Diferentemente dos profissionais tradicionais da saúde mental, que operam dentro de um código de conduta, com preocupação ética e técnica rigorosa, os influenciadores digitais desse nicho atuam segundo o esquema de manipulação emocional e da espetacularização

---

se supõe, para que exista relação entre duas pessoas, a existência de, no mínimo, um eu e um tu livres. E aquilo a que assistimos tem muito mais as características de uma relação do tipo eu-isso (cf. Buber, 1974).

2 A obra de Andrew Łobaczewski investiga as bases psicológicas do mal, especialmente quando este se manifesta em larga escala na sociedade. O autor apresenta a ponerologia, termo derivado do grego *poneros* (mal), como o estudo científico da gênese do mal dentro dos sistemas sociais, políticos e econômicos. Ele argumenta que a psicopatia e outras anomalias psicológicas desempenham papel central na corrupção das instituições e no surgimento de regimes totalitários. A pergunta central da obra é: como indivíduos sem empatia nem moralidade conseguem ascender ao poder e contaminar a sociedade com sua visão distorcida da realidade? Segundo Łobaczewski (2014), a resposta está na manipulação da linguagem, na degradação dos valores morais e na utilização de técnicas de propaganda que induzem à histeria coletiva.

do sofrimento e da cura. Em vez de incentivar a reflexão, o amadurecimento e a liberdade intelectual, as narrativas e as formas de comunicação reforçam a fragilidade emocional e a insegurança. Além do mais, a autoridade que exercem não se sustenta no conhecimento ou na experiência clínica – ainda que os possuam –, mas na habilidade de moldar percepções e induzir comportamentos.

O autor polonês aponta que indivíduos com traços psicopáticos possuem vantagens significativas na conquista de poder porque sabem manipular a linguagem emocional e dominam a arte de explorar as fraquezas psicológicas dos outros. Eles constroem discursos que apelam para sentimentos de medo, culpa, esperança e superioridade moral, criando uma narrativa na qual se mostram como únicas fontes legítimas de conhecimento e orientação.

Nas redes sociais, esse perfil pode ser identificado em *influencers* que criam seguidores emocionalmente dependentes, fazendo se sentirem constantemente necessitados de sua orientação – quantos há que parecem não conseguir se mover na vida senão depois de ter a opinião de seu guru digital! –, mas também em indivíduos que desqualificam qualquer visão divergente, apresentando suas opiniões como verdades absolutas e inquestionáveis – quem nunca ouviu ou leu algo como "vocês não sabem nada!" ou "eu sei sobre isso mais do que qualquer um!" ou "eu sou o porta-voz de tal teoria ou de tal autor!"? Estes são os mesmos que costumam promover a polarização, separando seus *followers* entre os "que entendem a verdade" e os "alienados que ainda não despertaram", além de manipularem afetos para garantir lealdade: seja gerando medo do mundo externo ("se você não seguir meu método, sofrerá"), seja oferecendo uma sensação de pertencimento exclusivo ("apenas quem está aqui comigo tem acesso à verdade"). O resultado é que esses autoproclamados mestres acabam criando um ambiente de sectarismo, onde qualquer crítica é vista como um ataque pessoal, inveja ou traição pessoal e ao grupo inteiro.

Para Łobaczewski (2014), o psicopata não precisa recorrer à coerção explícita para dominar: ele constrói um sistema no qual as vítimas sentem que precisam de sua liderança para sobreviver emocionalmente. Vale dizer que os psicopatas não são loucos no sentido clássico, nem mesmo conforme o senso comum, pois não sofrem de delírios ou alucinações. Pelo contrário, são friamente racionais, mas desprovidos de sentimentos morais como empatia e culpa. Não que o psicopata desconheça racionalmente esses sentimentos. Ele os conhece perfeitamente, mas os vivencia de maneira puramente intelectual, como informações a serem usadas. Essa ausência de consciência moral lhes dá uma vantagem em ambientes sociais onde a manipulação é necessária para a ascensão ao poder. Segundo o autor,

> A liderança patocrática acredita que pode atingir um estado onde as mentes daquelas "outras" pessoas se tornem dependentes através dos efeitos da sua personalidade, dos meios pedagógicos pérfidos, dos meios de desinformação da massa e do terror psicológico [...]. No seu mundo conceitual, os patocratas consideram praticamente autoevidente que os "outros" devem aceitar seu modo óbvio, realista e simples de apreender a realidade. Por alguma razão misteriosa, no entanto, os "outros" se esquivam, caem fora e contam piadas entre si sobre os patocratas. Alguém deve ser responsabilizado por isso: os velhos pré-revolucionários ou alguma estação de rádio no exterior. Torna-se assim necessário melhorar a metodologia de ação, encontrando "engenheiros de almas" melhores, com um certo talento literário, e isolando a sociedade da *literatura imprópria e de qualquer influência estrangeira*[3].

3 Łobaczewski, 2014, p. 160, grifo do autor.

Se nos regimes totalitários – patocráticos – havia esse medo constante dos "velhos pré-revolucionários" ou de "alguma estação de rádio no exterior", hoje os receios passam pela perda de seguidores para algum outro influenciador, pelo cancelamento digital, pela ideologia abscôndita dos donos das *big techs* etc. E o resultado, com efeito, é a busca contínua por um sempre novo "engenheiro de almas" (os marqueteiros e as empresas de *marketing* digital), por uma contínua reinvenção de si (muda de roupa, de aparência, de tom do discurso), por um novo ambiente ou um novo negócio no qual seu poder de influência possa continuar (educação, política, filantropia etc.).

Nos ambientes digitais, esse mecanismo de poder e de controle se torna ainda mais perigoso na exata medida em que é amplificado pelos algoritmos – que, diga-se de passagem, não são autônomos, mas programados para atuar em conformidade com o dinamismo dopaminérgico do sistema nervoso –, que favorecem tudo o que polarize ou gere efeito emocional, garantindo que esses influenciadores digitais estejam sempre no topo das interações e das recomendações de conteúdo.

A patocracia, tal como descrita por Łobaczewski (2014), ocorre sempre que indivíduos com traços psicopáticos assumem o controle de instituições e grupos sociais, moldando toda a estrutura para atender aos seus interesses. Nos regimes políticos totalitários, esse processo resulta na instalação de um governo autoritário; e, no universo digital, o mesmo padrão ocorre em menor escala, mas com impactos igualmente destrutivos para a saúde mental dos seguidores. Um influenciador patocrático, normalmente, define padrões morais e emocionais inatingíveis, fazendo seus seguidores se sentirem constantemente inadequados e buscarem validação; ele também utiliza linguagem dupla, distorcendo conceitos psicológicos para justificar sua autoridade e silenciar críticas, além de demonizar qualquer opositor, seja um influenciador que desafia sua visão, seja um seguidor que comece a questionar sua abordagem; e, em última instância, ele transforma sua própria narrativa em verdade absoluta, fazendo seus seguidores perderem a capacidade de avaliação crítica e passarem a replicar suas falas e seus comportamentos de maneira automática.

O psicopata carismático se apresenta continuamente como vítima ou herói, nunca como um ser humano falível. Ele pode alternar entre um discurso de sofrimento pessoal ("Eu passei por tudo isso e sei exatamente como te ajudar") e uma retórica de ataque ao sistema ("Os profissionais tradicionais não querem que você descubra essa verdade"). Essa estratégia cria um ambiente onde os seguidores passam a proteger e defender a autoridade do influenciador, e este último passa a ser visto como um líder; dessa forma, os seguidores se tornam peças ativas na manutenção do domínio do guru digital. Isso explica por que determinados *influencers* conseguem manter um exército de seguidores fiéis, prontos para atacarem qualquer crítica externa ou defenderem fervorosamente a figura do seu mentor: a histeria coletiva se torna, então, o ambiente ideal para a ascensão da patocracia, e, quanto mais os indivíduos são levados a acreditarem precisar de um líder forte, mais dispostos estarão a ignorar os sinais de manipulação e abuso[4].

É claro que a psicopatia não é contagiosa, mas sua influência, sim, o é. Na medida em que os psicopatas assumem posições de liderança e de algum destaque, a sociedade como um todo – a começar por um pequeno grupo – sofre um processo de histerização, no qual as normas morais e a percepção da realidade se deturpam, facilitando a aceitação de qualquer padrão de opressão. Quando os psicopatas dominam, no ambiente social mais amplo ou no mundo digital, a insensibilidade moral se espalha, roendo o tecido das relações humanas e fazendo da vida um inferno. Na sociedade ou na massa de seguidores, quando se manifesta esse estado de histerização, qualquer tentativa de expor a

4 Cf. Łobaczewski, 2014, p. 52-59 (O ciclo da histeria).

verdade é recebida como uma ameaça. A racionalidade é substituída pela emoção e pelo culto à autoridade. Com o tempo, essa degradação psicológica leva à aceitação de líderes ou de regimes patocráticos.

Łobaczewski (2014) analisa também a relação entre o fenômeno patocrático e a religião: um aspecto particularmente interessante no cenário que vimos descrevendo, tendo em vista que, nesse contexto, vem-se explorando recorrentemente conceitos morais, esotéricos e religiosos de forma superficial, hermética ou segundo a lógica pelagiana. Segundo o autor, quando uma organização religiosa se torna ponerogênica, ela perde sua essência original e se transforma em um instrumento de repressão. Isso se pode dizer não necessariamente sobre uma "organização" em particular, mas também sobre um discurso carregado de termos-talismã[5] de caráter religioso ou pseudorreligioso.

Apesar disso, não devemos esquecer que a mesma fé e os mesmos princípios religiosos podem ser exatamente a defesa mais eficaz contra a patocracia, pois oferecem um referencial de verdade e moralidade que resiste à manipulação ideológica. Não à toa, esses mesmos líderes patocráticos abusam de conceitos dessa natureza, subvertendo seu sentido – muitas vezes, em forma de *slogans* promotores da mais superficial prática voluntarista – a fim de se erigirem em porta-vozes das verdades últimas da fé e representantes do Magistério.

Não obstante isso, não se pode esquecer – sob pena de, tendo perdido a vigilância, perder também a consciência da força de impacto – que qualquer grande ideologia pode ser corrompida, tornando-se um instrumento de dominação. O segredo para evitar que isso aconteça está na *promoção do conhecimento* e na *educação psicológica das pessoas*: estes são, segundo penso, os únicos recursos capazes de munir as pessoas da consciência da existência dos psicopatas e de sua influência, do pensamento crítico e da lógica, do anseio de preservação

5 Cf. Quintás, 2015.

da verdade e da linguagem objetiva, e da promoção de valores morais sólidos, que não possam ser facilmente distorcidos por nenhuma manipulação.

Embora, como já ficou claro, o foco de Łobaczewski (2014) esteja nos líderes manipuladores, seu conceito de patocracia se aplica muito bem ao ambiente digital, porque, nesse espaço, é mais fácil encontrar um terreno fértil na psicodinâmica dos seguidores e consumidores de conteúdo digital. E neste ponto se introduz a apreciação teórica rigorosa feita pela psicanalista alemã Karen Horney, que descreve como sociedades neuróticas produzem indivíduos emocionalmente dependentes, inseguros e altamente sugestionáveis: a vulnerabilidade emocional dos seguidores, nas redes sociais, é explorada ao extremo por influenciadores que sabem alimentar aqueles sentimentos de insegurança e de medo com o intuito de garantir a permanência de sua audiência[6]. Por temerem a rejeição e buscarem desesperadamente alguma orientação, os neuróticos procuram refúgio psicológico em qualquer um que se apresente como guia infalível: o abuso dessa dinâmica, por parte dos influenciadores, mostra a perversidade de seu modo de atuação.

Além da óbvia conclusão a que se pode chegar, é preciso também dizer que o que foi descrito significa que o seguidor neurótico encontra em seu líder uma figura parental simbólica, alguém que lhe oferece segurança e direção, ainda que às custas de sua própria autonomia e pensamento crítico. Há três padrões neuróticos que se manifestam claramente na dinâmica das redes sociais: a *tendência à submissão*, na qual o seguidor sente que precisa abraçar regras e orientações de seu mestre para ser aceito e valorizado por ele e pelo grupo; a *tendência à agressão*, na qual alguns seguidores internalizam o discurso do influenciador e passam a atacar aqueles que questionam sua autoridade, e,

6 Cf. Horney, 2023.

finalmente, a *tendência ao isolamento*, em que os indivíduos se afastam do mundo real e passam a viver exclusivamente dentro da bolha criada pelo influenciador.

Esses mecanismos reforçam a estrutura de dominação psicológica e explicam por que tantas pessoas permanecem presas a discursos manipuladores, mesmo quando começam a perceber inconsistências e contradições. Perceba, leitor, que tudo o que se disse sobre a ponerologia não ocorre num vácuo, mas se ancora em padrões neuróticos preexistentes, que fazem os seguidores serem altamente sugestionáveis e dependentes das figuras de autoridade que emergem no cenário virtual contemporâneo. O resultado é um ciclo de manipulação, dependência e adoecimento psicológico, sustentado tanto pela estrutura da patocracia digital quanto pela desproteção emocional dos indivíduos que a alimentam.

A patologia da onipotência e o culto da autoridade digital

As redes sociais e o ambiente digital transformaram – espero que não definitivamente, mas, de certo, profundamente – a relação entre conhecimento e autoridade. Houve um tempo, e não muito distante, na história humana, em que a credibilidade profissional e a experiência eram requisitos fundamentais para que alguém se colocasse como referência em determinado campo do saber. Hoje, no entanto, os fundamentos do engajamento digital são redefinidos por uma noção de autoridade baseada no número de seguidores, nas "provas sociais", nas curtidas e nos compartilhamentos.

Os seguidores atribuem ao influenciador um conhecimento absoluto sobre o psiquismo humano, reforçando tanto sua própria submissão quanto a onipotência do guru digital. O crescimento de interações e validações amplifica sua ilusão de infalibilidade. O influenciador se apresenta e vende a imagem de alguém que está acima da crítica, como um guia que transcendeu as incertezas e fraquezas comuns à condição humana, ascendeu a algum nível superior na escala da maturidade definida por ele.

Esse fenômeno pode ser interpretado à luz da teoria da construção do *self* idealizado na personalidade neurótica. Horney (2023) argumenta que, para lidar com inseguranças profundas, indivíduos neuróticos criam uma versão idealizada de si mesmos, na qual projetam traços de força, controle e superioridade. Esse *self* idealizado não corresponde à realidade interna do sujeito, funcionando como uma máscara que o protege da percepção de suas próprias precariedades. A distância entre o real e o idealizado cria um tremendo desamparo, no qual o seguidor acaba se enredando nas estratégias de suposta consolidação e estabilidade vendidas pelo influenciador, enquanto este último segue lançando mão de táticas para manter a fragilidade do seu seguidor.

O guru digital se pinta como alguém emocionalmente resolvido, imune às contradições e dilemas que afligem as pessoas comuns, porque tem necessidade de dar maior confiabilidade ao que mostra. Contudo, a manutenção dessa imagem exige esforço constante, pois qualquer fissura em sua autoridade pode comprometer a influência que exerce. Se, entre o que acredita que deveria ser e o que de fato é, gera-se um estado de tensão contínua para o seguidor neurótico, não será diferente com o influenciador: à medida que sua imagem cresce, ele se vê forçado a preservar essa aparência de infalibilidade, o que exige a supressão de qualquer erro, dúvida ou suscetibilidade, manifestando o que Carl Gustav Jung (1875-1961), psicanalista suíço, chamou de inflação da *persona*[7]. De forma geral, o neurótico sente que nunca é

7 Cf. Jung, 2014. Nessa obra, Jung aborda, entre outros temas, a questão da "inflação da *persona*" e discute o conceito de *persona* como uma máscara ou papel social que o indivíduo assume em diferentes contextos sociais. A "inflação da *persona*" ocorre quando o indivíduo exagera ou se identifica excessivamente com a *persona*, tomando-a como sua

suficientemente bom, e essa insatisfação constante o leva a buscar incessantemente um modelo a seguir, mesmo que esse modelo seja opressor. Nada é mais adequado, nessa estrutura patológica e patologizante, do que uma *persona* inflacionada.

O que está em jogo não é apenas a construção individual de uma *persona* idealizada, mas a engenharia algorítmica que seleciona e amplifica exatamente os discursos que consolidam essa imagem de onipotência. Ele precisa da adoração ininterrupta de seus seguidores para validar a própria autoridade, o que o leva a desenvolver uma postura cada vez mais rígida e defensiva contra qualquer forma de questionamento. Isso explica por que figuras desse tipo frequentemente reagem de maneira agressiva ou desqualificadora diante de críticas, mesmo que sejam embasadas e legítimas.

Nos cenários mais extremos, esse culto à personalidade gera um fenômeno de massa, no qual o *influencer* se torna o único detentor da verdade, enquanto seus *followers* passam a replicar suas falas e comportamentos de maneira acrítica. É nesse ponto que a lógica do engajamento digital se entrelaça com os mecanismos de controle psicológico: o influenciador não apenas orienta seus seguidores, como também define para eles os critérios do que deve ser aceito ou rejeitado, do que é certo ou do que é errado, do que é "maduro" ou do que é "imaturo".

No fim, a fragilidade psicológica dos seguidores, que já buscam no influenciador uma referência para lidar com suas incertezas emocionais, faz com que fiquem ainda mais suscetíveis a essa dinâmica de dominação. Como Horney (2023) descreve, o neurótico tem uma necessidade intensa de adesismo e validação externa, o que o torna altamente influenciável por figuras que projetam segurança absoluta.

---

verdadeira identidade, o que pode levar a uma desconexão com o seu eu autêntico e um distanciamento de sua psique profunda.

Esse padrão cria um ciclo de dependência: os seguidores reforçam a autoridade do influenciador ao mesmo tempo que se tornam cada vez mais submissos a seus discursos e métodos.

Em última instância, esse culto da autoridade digital e de sua personalidade, além de distorcer a relação entre conhecimento e credibilidade, alimenta padrões de pensamento dogmático e de lealdade cega. Dessa forma, o mundo digital se torna um terreno fértil para a disseminação de lideranças carismáticas que, sob o pretexto de oferecerem soluções para o sofrimento humano, acabam por consolidar dinâmicas de poder baseadas no medo, na dependência e na obediência irrestrita. Se a autoridade digital se consolida pela ilusão de infalibilidade criada e recriada constantemente, ela se mantém também por meio da dependência emocional. Como se verá no próximo tópico, a relação entre influenciador e seguidor assume um caráter parental, em que a submissão se torna o preço a pagar pela sensação de segurança psicológica.

Relações de poder, dependência emocional e banalização do sofrimento

A manipulação nas redes sociais opera por meio de dinâmicas emocionais assimétricas, nas quais o influenciador assume papel centralizador, geralmente representado como uma figura com ares paternais, meio messiânica ou até mesmo como um líder de culto. Ele não apenas oferece conteúdos e orientações, mas estabelece um vínculo emocional com seus seguidores, levando-os a uma relação de submissão psicológica, na qual a identidade do seguidor se dilui na do líder digital. Essa estrutura de dominação, que inicialmente parece ser apenas uma relação de consumo de conteúdo, revela-se um mecanismo de dependência emocional cuidadosamente construído e reforçado ao longo do tempo.

Horney (2023) descreveu muito bem esse fenômeno, ao analisar a *neurose de submissão*, na qual o indivíduo, movido por medo da rejeição e pela necessidade de validação, busca figuras de autoridade para guiar sua vida e oferecer certezas. Essa submissão não ocorre por coerção explícita, mas por um mecanismo interno: o seguidor sente-se desamparado diante da complexidade da vida e, em vez de buscar um processo autônomo de amadurecimento, refugia-se na figura de alguém que parece possuir todas as respostas para absolutamente todas as perguntas. Esse padrão pode ser observado em diversos tipos de dependência emocional, desde relações interpessoais disfuncionais até a idolatria de líderes políticos, religiosos e, mais recentemente, digitais.

O *influencer* que se vale dessa estratégia perversa constrói uma narrativa de salvação que, contudo, nunca é completamente realizada, pois seu objetivo final não é a liberdade do seguidor, mas exatamente sua permanência no ciclo de dependência: a cada nova "solução" apresentada, surge uma nova etapa, um novo problema a ser resolvido, um novo produto a ser adquirido, garantindo que o seguidor continue preso à influência do autoproclamado guru digital.

A relação entre influenciador e seguidor muitas vezes assume um caráter quase parental: o influenciador se posiciona como uma figura que protege, guia e corrige – muitas vezes se apropriando de linguagem terapêutica, esotérico-religiosa ou filosófica para reforçar esse papel. Ele se dirige aos seguidores como se fossem filhos imaturos, irmãos mais novos frágeis, carentes de conhecimento e incapazes de conduzir suas próprias vidas sem orientação externa.

Esse fenômeno pode ser visto em três categorias diferentes de papéis desempenhados pelo líder digital. Ele pode se apresentar como um *pai severo*, adotando um tom autoritário, impondo normas rígidas sobre comportamento, pensamento e valores. Esse tipo de influenciador apresenta seus ensinamentos como verdades absolutas, e qualquer questionamento é visto como rebeldia, imaturidade ou fraqueza moral.

Seguir suas diretrizes é sinônimo de "amadurecimento", enquanto discordar dele significa "não estar pronto para a verdade".

Há também o influenciador *mãe acolhedora*: ao invés da imposição rígida de normas, o *influencer* assume um discurso afetivo e empático, posicionando-se como um porto seguro emocional para seus seguidores. Ele enfatiza que "entende suas dores" e que está ali para ajudar, mas, ao mesmo tempo, alimenta um ciclo de dependência emocional, tornando-se essencial para que os seguidores se sintam compreendidos e aceitos.

Um terceiro papel que pode ser desempenhado é o de *salvador*. Esse é o modelo mais extremo e potencialmente mais perigoso. O influenciador se apresenta como o único capaz de oferecer liberdade psicológica ou até espiritual para seus seguidores. Ele se diferencia do restante do mundo, que é visto como enganoso, corrupto ou tóxico. Seus seguidores internalizam essa visão e passam a acreditar que qualquer ajuda externa (seja de familiares, amigos ou profissionais qualificados) é menos confiável do que aquilo que ele oferece.

Não estranhe se, tentando encaixar o seu guru de estimação em alguma dessas categorias, descobrir que ele se parece um pouco com todos. Porque, no fundo, a estratégia é mesmo nunca ser enquadrado em rótulo algum e transitar de um papel para outro, conforme não as suas dores, leitor, mas conforme os interesses dele: hoje, ele ofende; amanhã, ele acolhe; depois de amanhã, ele lembra que você é incapaz e lhe oferece a salvação. Esse ciclo de mudanças repentinas faz o seguidor não se lembrar mais da origem de seu incômodo, garantindo-se dessa maneira a eficácia do controle operado pelo vendedor de soluções para tudo: o influenciado nem se dá conta de que tudo começou precisamente com o que o *influencer* influenciou.

A oferta de respostas prontas e soluções simplificadas cria um círculo vicioso de dependência emocional: quanto mais o seguidor consome o conteúdo do influenciador, mais ele sente que precisa daquele suporte contínuo para validar suas experiências e emoções. Esse ciclo ocorre porque a sensação de segurança e pertencimento oferecida pelo influenciador não é estável, mas precisa ser continuamente reforçada para que a dependência seja mantida.

Se esse padrão já é perigoso, de modo geral, o que se dirá do seu uso no contexto da saúde mental? Quem já não ouviu, nestes tempos de "terapia instantânea", alguém dizendo: "Fulano me salvou com suas *lives*" ou "Os *stories* de Beltrano me colocaram no eixo"? Cada vez menos se busca por ajuda profissional genuína, pois a crença de que apenas o influenciador detém o conhecimento real faz com que muitos se recusem a procurar psicólogos, psiquiatras ou outros profissionais, preferindo soluções superficiais e produtos digitais que perpetuam a sensação de que estão se tratando, sem nunca realmente aprofundar as causas de seus problemas. Afinal, por que gastar com terapia semanal se é possível ter todas as respostas ao alcance da mão, com um simples deslizar do dedo?

Outro elemento que fortalece essa dependência é a dinâmica de exclusividade. Muitos influenciadores criam a ideia de que seus seguidores fazem parte de um grupo seleto, que tem acesso a um conhecimento especial e exclusivo. Essa lógica funciona de maneira similar a seitas e cultos, onde a lealdade ao líder é reforçada pela crença de que aqueles que não fazem parte do grupo estão perdidos ou enganados.

Há três principais mecanismos psicológicos que ocorrem nas relações de dependência emocional, e todos eles ligados a essa lógica de exclusividade mencionada: o primeiro deles é a conhecida *dissonância cognitiva*, em que um seguidor começa a perceber inconsistências no discurso do influenciador, mas acaba por racionalizar essas contradições com o intuito de evitar o desconforto experimentado ao reconhecer que investiu tempo e confiança em algo potencialmente manipulador; o segundo é o *reflexo de aversão à crítica*, no qual qualquer comentário negativo ou cético sobre o influenciador é visto como um ataque pessoal pelo seguidor, pois ele sente que sua própria identidade está atrelada à figura do líder; e, finalmente, pode-se mencionar o *mecanismo de recompensa intermitente*, em que o líder digital reforça a lealdade de seus seguidores por meio de interações esporádicas e imprevisíveis (seja respondendo a comentários, mencionando seguidores em vídeos ou criando conteúdos direcionados a questões específicas levantadas pelo público), o que os mantém engajados, sempre esperando um novo reconhecimento.

Dentro dessa dinâmica de poder, um dos aspectos mais insidiosos é a *normalização da dor emocional como um problema individual a ser superado unicamente por esforço próprio*. Os influenciadores digitais que operam nesse modelo reforçam uma ideologia da força, do trabalho, do pragmatismo, na qual problemas emocionais como depressão, ansiedade e traumas são frequentemente reduzidos a "falta de vontade", "falta de esforço" ou "vitimismo". Nesse discurso, o sofrimento não é reconhecido em sua complexidade, mas sim como uma fraqueza que pode ser resolvida por meio da adoção dos métodos do *influencer*.

Łobaczewski (2019) descreve esse tipo de manipulação como um dos elementos essenciais dos regimes autoritários, que reduzem o sofrimento humano a um problema de "fraqueza individual" e, com isso, silenciam qualquer possibilidade de resistência crítica. Quando as pessoas acreditam que são as únicas responsáveis por sua dor e fracassos, perdem a capacidade de enxergar os sistemas mais amplos que as mantêm presas a esse ciclo.

Essa dependência emocional não se dá apenas no nível individual, mas se expande para grupos inteiros, gerando uma estrutura de dominação similar à patocracia, como descrita pelo mesmo Łobaczewski (2019): sociedades que normalizam a presença de líderes manipuladores acabam absorvendo os padrões de comportamento que eles impõem, tornando-se incapazes de questioná-los. Nas redes sociais, essa influência não se limita à relação entre influenciador e seguidor, mas se espalha por comunidades inteiras, moldando discursos coletivos e promovendo comportamentos de obediência e agressividade contra qualquer um que ameace a hegemonia do grupo. Isso se manifesta por meio de campanhas de "cancelamento" contra qualquer pessoa que questione o influenciador, que passa a ser atacada pelos seguidores, muitas vezes de maneira coordenada. Porém, também é o caso da normalização de discursos radicais: com o tempo, ideias extremas passam a ser aceitas como normais dentro da bolha digital, e qualquer tentativa de moderação é vista como fraqueza ou traição. E cabe também a referência à reprodução de padrões psicológicos disfuncionais, na qual os seguidores internalizam a lógica de dominação e passam a replicá-la em suas próprias relações interpessoais, perpetuando ciclos de manipulação emocional.

A relação entre *influencer* e *follower*, quando estruturada sobre bases manipuladoras, deixa de ser uma simples troca de conteúdo para se tornar um mecanismo de poder psicológico. O influenciador assume papel central na vida emocional do seguidor, que passa a depender de sua validação para se sentir seguro e orientado em todos os âmbitos da vida: namoro, sexo, casamento, corte de cabelo, penteado, tipo de unha, roupa, modo de se vestir em casa, a ordem certa de tirar a roupa para o cônjuge, usar o banheiro da suíte do casal de porta aberta ou fechada, sonhos, modelo de calçado, carreira, educação de filhos, gases... nada escapa de seu poder de influência. Essa dependência, longe de ser um fenômeno isolado, se reproduz em escala coletiva, influenciando comportamentos, discursos e até padrões culturais.

Reconhecendo a psicodinâmica do poder

Compreender a psicodinâmica do poder que opera nas redes sociais é essencial para romper com a lógica da manipulação emocional e do culto à autoridade digital. Ao longo do presente ensaio, foi explorada a maneira como os influenciadores digitais que atuam na área da saúde mental estruturam suas narrativas de forma a criar laços de dependência emocional, reforçando uma dinâmica de dominação sutil, mas altamente eficaz.

A análise do psiquiatra Andrew Łobaczewski permitiu enxergar como certos indivíduos com traços manipuladores constroem relações de poder fundadas sobre a exploração da vulnerabilidade psicológica de seus seguidores. O conceito de patocracia, quando aplicado ao ambiente digital, evidencia que a influência exercida por essas figuras ultrapassa o mero *marketing* pessoal.

Ao mesmo tempo, viu-se, através da contribuição de Karen Horney, a razão de tantas pessoas se tornarem suscetíveis a esses discursos, e como o desejo neurótico por aceitação e orientação externa pode ser manipulado por aqueles que se apresentam como guias infalíveis. Em um mundo digital onde a insegurança e o medo da inadequação são constantemente alimentados, a necessidade de se apoiar em figuras de autoridade se torna um reflexo das próprias angústias modernas.

Ao fim, esse sistema não busca realmente ajudar seus seguidores a alcançarem a realização dos próprios potenciais; seu verdadeiro intuito é mantê-los presos no fluxo viciado do consumo emocional. A lógica do engajamento – da qual tanto depende o *influencer* – não favorece a autonomia do seguidor, mas sim a reprodução incessante da dependência. Ao apresentar-se, muitas vezes, como o único detentor da verdade e ao oferecer o que ele chama de "soluções fáceis" para problemas complexos, o influenciador bloqueia a visão crítica sobre si mesmos dos seus seguidores e acaba por embaçar também a sua visão sobre o ambiente digital que os cerca.

Diante desse cenário, como não se tornar uma presa fácil dos patocratas digitais produtores de neurose? A resposta, como se é de imaginar, pelo que já deve ter entendido, leitor, deve ocorrer no nível da consciência crítica e da recuperação da autonomia psicológica. Isso implica um duplo movimento: *desconstruir a ilusão da autoridade digital e resgatar um modelo de conhecimento e de relação interpessoal que não se baseie na espetacularização e na manipulação emocional.*

Para isso, algumas reflexões são fundamentais. Em primeiro lugar, acredito ser necessário *aprender a questionar a própria forma de consumo de conteúdos psicológicos online*. Como já discutido, muitos desses personagens digitais se aproveitam de inseguranças preexistentes para reforçar a necessidade de engajamento contínuo. Ao perceber esse padrão, o seguidor pode começar a refletir sobre até que ponto seu envolvimento com esse tipo de conteúdo está realmente contribuindo para seu amadurecimento emocional ou apenas reforçando ciclos de ansiedade e dependência.

É também preciso lembrar que *a saúde mental não pode ser reduzida ao consumo de* slogans *motivacionais fáceis de decorar e a soluções de autoajuda fabricadas para viralizar*. O conhecimento psicológico é complexo, exige tempo, reflexão, fundamentos sólidos e, em muitos casos, acompanhamento profissional qualificado. O ambiente digital, porém, tende a simplificar essa complexidade valendo-se de mensagens curtas e resoluções padronizadas no formato "manual de uso", o que leva a uma banalização do sofrimento e a uma abordagem superficial da psique humana.

Acredito também que *a autonomia emocional deve ser cultivada com base na realidade e não em narrativas idealizadas*. A busca pela "vida perfeita", pelo "relacionamento perfeito" ou pela "maturidade emocional definitiva" são ilusões vendidas como metas alcançáveis, mas que, na verdade, não passam de um artifício gerador de frustração.

Por fim, um questionamento me parece inevitável: será possível estabelecer relações saudáveis no ambiente digital, sem cair nessas armadilhas? A resposta talvez não dê conta de toda a complexidade do fenômeno analisado nesta obra, mas, tomando por base o que se discutiu no presente ensaio, sou de parecer que um caminho possível passa pelo fortalecimento da autenticidade das pessoas envolvidas e da prudência no consumo de conteúdos desse teor nos espaços *online*. Assim como qualquer outra forma de conhecimento, a psicologia e a saúde mental não podem ser reduzidas a procedimentos simplificados e virais. É necessário recuperar a dimensão ética e humana do cuidado psicológico, afastando-se de discursos autoritários que, em vez de promoverem amadurecimento, apenas consolidam novas formas de dependência.

Se estamos submetidos à manipulação constante, leitor, quais ferramentas psicológicas, filosóficas ou mesmo espirituais você acredita poder recuperar para não sucumbir ao domínio daqueles que exploram nossas fragilidades emocionais? Pense, em primeiro lugar, naquilo que você encontra em você; só então se pergunte se esse mesmo recurso ou se essa mesma forma de enfrentamento poderiam ser aplicados a outras pessoas.

5

A idolatria do *self*: redes sociais e o culto à personalidade

> O novo niilismo não implica que a mentira foi feita verdade ou que a verdade foi difamada como mentira. Em vez disso, a própria diferenciação entre a verdade e a mentira é que foi anulada. Quem mente de maneira consciente e se contrapõe à verdade, legitima esta última de modo paradoxal. Mentir é possível apenas ali, onde a diferenciação entre verdade e mentira se mantém intacta. O mentiroso não perde a referência à verdade. Sua crença na realidade não é impactada. Não põe a própria verdade em questão. Quanto mais resolutamente mentir, mais a verdade é comprovada.
>
> Byung-Chul Han

Em nossa época, a identidade se tornou não só esforço de expressão de si próprio, mas se converteu em mercadoria valiosa no hipermercado digital das novas ilusões. As redes sociais transformaram o *self* em um objeto de exposição, de comparação e de ratificação, criando um ambiente onde a imagem pessoal mentirosa se sobrepõe à experiência autêntica de si, do outro e do mundo: trata-se de um culto do eu – ainda que esse "eu" em nada ou quase nada coincida com a verdade –, sob a forma do que se passou a chamar de "uma personalidade"; é uma espécie de idolatria do *self* que encontra na imagem e na narrativa pessoal seu principal combustível, fazendo do indivíduo o seu próprio opressor. Aliás, nunca como agora, em nenhum outro lugar como nas redes sociais, se usou tanto o termo "narrativa", e quase sempre aquilo a que se assiste, que se lê ou se ouve repete o mesmíssimo *template* monomítico da "jornada do herói"[1].

Nesse cenário épico dos novos e virtuais heróis contemporâneos – com suas nobiliarquias e auréolas, seus louros e altares levantados com as próprias mãos –, o processo identitário, que deveria ser uma ação fundamentalmente interna e contínua de maturidade, tornou-se um espetáculo performático, num circo de inovações maravilhosas; tornou-se uma contação de historietas, numa rodinha de crianças, interessada em constringir todo incauto que passar por perto, a fim de garantir os números do engajamento.

Esse fenômeno não pode ser reduzido a uma simples manifestação de narcisismo individual, muito menos de um transtorno de personalidade narcisista; ele é resultado de um sistema que recompensa a hipervisibilidade e penaliza a introspecção e a autoconsciência. A subjetividade contemporânea, de fato, passou a ser atravessada pela lógica da exploração que o sujeito faz de si mesmo voluntariamente: os indivíduos não precisam mais do patrão opressor que os leva à exaustão sem sentido; basta a autoimposição do "dever" de maximizar a produtividade, o desempenho e a boa aparência. Esse sistema de autoexploração[2] começa, exatamente, quando lhe é vendida a ideia de que há verdades amargas da existência humana que você precisa engolir, porque elas são a realidade. E você precisa mostrar o máximo possível o quanto assumiu para si os *slogans* que lhe foram vendidos:

---

1 Cf. Campbell, 1997.
2 Cf. Han, 2017.

antes, você precisava mostrar a marca do seu boné caríssimo, da sua camiseta da moda, da sua bolsa chiquérrima; agora, você precisa expor seu corpo forte e como chegou e chega a ele todos os dias, seu cotidiano de trabalho e de serviço, sua tatuagem no braço (que se tornou a marca de gado da sua pertença àquele rebanho), e precisa aparecer gritando as palavras de ordem aprendidas... tudo isso para que comprove ao mundo privado da bolha da qual passou a fazer parte, quando comprou aquela ideia primeva, que está alcançando o formato que passou a crer que deveria ser o seu.

Esse imperativo de autoaprimoramento incessante se encaixa perfeitamente, numa articulação sem furos, ao culto à personalidade, fenômeno que, no universo digital, não se limita às celebridades tradicionais, mas se expande a qualquer indivíduo que consiga se apresentar como um modelo de vida desejável. Esse culto não apenas reforça um padrão idealizado e inatingível de existência, mas também transforma a experiência emocional em um produto de mercado. Neste ensaio, examinaremos como o culto ao *self* se estrutura nas redes sociais, analisando o papel da *performance* da imagem criada de si, a mercantilização do eu ideal, a frustração como motor do engajamento e o esvaziamento do sentido de comunidade.

É inegável o impacto da fluidez no desejo humano: ao invés de um desejo autêntico, guiado por valores e propósitos assumidos como próprios, os indivíduos apenas desejam aquilo que os mantém inseridos no fluxo das tendências digitais. Esse processo leva ao que Han (2017) chama de "exaustão da subjetividade", ou seja, à transformação do indivíduo em um mero objeto daquela exploração de si mesmo, onde o esforço de se tornar "melhor" nunca tem fim e onde a liberdade é destruída como conceito e como experiência, na exata medida em que não escolhe livremente pela alta *performance*, mas o faz como resposta aos condicionamentos sociais que lhe chegam via mídia de massa.

Vale mencionar, antes de seguir em frente, que essa exaustão é também mental; e ela impede a reflexão profunda e o contato consigo mesmo, tornando o sujeito mais vulnerável a distrações, estímulos superficiais e aos ciclos de produtividade vazia. E, chegados a esse ponto, os indivíduos acabam por se fixar na posição segundo a qual toda dor e frustração são inaceitáveis, obrigando-se ou à anestesia contínua do vício na alta *performance* em tudo – sexo, família, trabalho – ou à ideologia da positividade que intoxica o psiquismo.

A *performance* de si mesmo e o paradoxo do cansaço

Vejamos, mais detidamente, o fenômeno da *performance* a que se fez referência: do que se trata? Como se manifesta? Qual, de forma mais precisa, a sua relação com a ideia de cansaço? Antes de mais, é importante lembrar que a era digital introduziu uma mudança radical na forma como nos percebemos e nos apresentamos ao mundo. Talvez, para quem já nasceu nesse contexto, seja difícil se dar conta de como a mudança ocorreu e de como ela foi, de fato, radical. Mas, sim, as redes sociais transformaram a identidade individual em um projeto contínuo de autoafirmação, em que cada pessoa é estimulada a gerenciar sua própria imagem pública de maneira estratégica, como se ela mesma fosse uma marca pessoal. O problema é que essa necessidade incessante de se apresentar e ser reconhecido cria um paradoxo psicológico: ao mesmo tempo que o sujeito busca validação, ele se vê exausto pela necessidade constante de autopromoção.

Em *A sociedade do cansaço*, Han (2017) descreve essa dinâmica como o que ele chama de regime de autoexploração voluntária: o sujeito de desempenho explora a si mesmo até o limite e acredita que isso é liberdade. Essa crença ilusória na expressão de si como sinônimo de liberdade mascara a realidade de uma pressão constante, na qual o indivíduo sente que deve estar sempre atualizado, presente e visível para ser relevante.

Os influenciadores digitais que atuam no campo da saúde mental são um exemplo claro dessa lógica. Muitos constroem uma narrativa de equilíbrio emocional, sugerindo que a felicidade e o bem-estar são resultados diretos de escolhas individuais e disciplina pessoal. Muitos vendem, por isso mesmo, "manuais definitivos" para uma bricolagem perfeita no casamento (desde o domínio idiomático correto para uma boa relação até os cuidados com os borborigmos), na educação dos filhos (desde as músicas a escutar durante a gravidez até o modo como formar Beethovens aos 7 anos de idade; tudo isso passando, é claro, por um plano rigorosíssimo de vida espiritual, que garanta filhos santos na mais tenra idade possível), na masculinidade (desde o não tirar as meias por último na hora do sexo até a quantidade de vezes que deve transar com a esposa por semana – ou por dia?! – para ser um varão ideal), na feminilidade (desde o sapato que deve usar em casa até o modo como deve se dispor, submissa, ao sexo para o marido), na atuação como terapeuta (desde as técnicas mais eficazes até as frases que se pode ou não se pode usar em cada etapa do processo terapêutico)... o portfólio é infindável. No entanto, nenhuma dessas narrativas dá conta de um ponto essencial: o sofrimento humano não pode ser eliminado por meio da *performance*, e a busca incessante pela validação digital frequentemente agrava, mais que aplaca, a angústia existencial.

A consequência disso é que os indivíduos que falham em atingir esse estado idealizado de bem-estar sentem-se culpados pelo próprio sofrimento. E, se se pensa na extensão do supramencionado portfólio dos novos gurus da saúde mental, pode-se conceber também a extensão do efeito negativo do que era para ser, na verdade, positivo: não há uma só área da vida que escape sem sequelas. E, nesse modelo em que a luta por construir uma subjetividade inovadora transforma o indivíduo em empreendedor de si mesmo, tornando-o o único responsável por seu sucesso ou fracasso, o *influencer* segue fazendo mais mal do que bem, sem nunca se implicar com os resultados. Ao fim, esse discurso torna invisíveis as condições estruturais sólidas que, verdadeiramente, impactam a saúde mental e, pelo contrário, acaba por reforçar a lógica perversa de autoexploração e esgotamento.

No modelo descrito por Han (2017), o sujeito contemporâneo está imerso em uma cultura de desempenho contínuo. Cada usuário das redes sociais é estimulado a exibir suas conquistas, suas emoções e até suas vulnerabilidades para obter reconhecimento. A exposição constante cria uma contradição: ao mesmo tempo que se sente exaurido pela necessidade de alto desempenho, o indivíduo continua buscando essa atuação como forma de validação pessoal.

Os profissionais de saúde mental que se vendem como modelos de vida plena reforçam essa lógica. Ao mostrar uma rotina impecável e discursos motivacionais repetitivos, eles contribuem para a ilusão de que basta se esforçar mais para atingir uma felicidade perene, alcançar a maturidade e o equilíbrio, ascender aos altares da santidade. Aqueles que não conseguem manter o ritmo passam a se culpar pelo fracasso e mergulham em um cansaço ainda maior, perpetuando o círculo vicioso de dependência e frustração.

O eu ideal como produto de mercado

A construção do "eu ideal" não é apenas consequência de traços morais – ou, talvez, seria melhor dizer, imorais – dos indivíduos; ela se articula com o sistema de produção e consumo no qual as redes sociais estão inseridas. O indivíduo que exibe uma vida perfeita torna-se uma marca, com potencial para atrair patrocínios, vendas de cursos e serviços de *coaching* ou terapia. Esse "eu ideal" não é algo meramente simbólico, mas uma *commodity* valiosa na economia da atenção.

No fértil e rentável campo da saúde mental, essa mercantilização do *self* se torna especialmente perigosa, pois o sofrimento psíquico é invisibilizado ou minimizado para que a narrativa de "vida perfeita" não seja desconstruída pela realidade. Por outro lado, quando é explorado, aparece em formatos dramáticos que visam a gerar engajamento. Em ambos os casos, as redes sociais transformam o *self* em mercadoria, desvinculando o discurso terapêutico de seu compromisso ético e solidário.

A construção do "eu ideal", contudo, não é apenas uma questão psicológica, mas, como mais facilmente se suporia, é também um fenômeno econômico. Todavia, é preciso apontar outro aspecto por trás do que acontece especialmente no âmbito do comércio de pílulas digitais de bem-estar integral: essa autossubjugação é resultado da progressiva eliminação da transcendência na concepção moderna de liberdade[3]. Quando a liberdade é reduzida à *performance* social e à autonomia individual absoluta, ela se torna uma ilusão: o influenciador digital e seus *followers* acreditam que estão livres, mas, na verdade, são escravos de um modelo de identidade pré-fabricado pelo mercado.

Claro está que as redes sociais são o ambiente perfeito para a proliferação da ideia segundo a qual a identidade pode ser comercializada como uma mercadoria valiosa. O *influencer*, no fundo, vende apenas a si mesmo, transformando sua vida em um produto narrativo constantemente atualizado. Mas esse "si mesmo" vendido é apenas um modelo rentável – mais rentável do que outro qualquer – que precisa ser mantido a todo custo, até a ponto da mais completa identificação de si com a *persona* inventada, tornando-se ele também escravo nesse ensandecido ciclo de reificação do que nunca deveria ter se tornado coisa.

---

3 Cf. Fabro, 2004.

Essa mercantilização da identidade é um reflexo da economia da atenção, na qual a visibilidade é o recurso mais disputado. Han (2022) argumenta que vivemos em um sistema onde a informação não é mais utilizada para esclarecer ou aprofundar a compreensão do mundo, mas para capturar a atenção do usuário e mantê-lo imerso em um fluxo contínuo de consumo. A infocracia, como ele a chama, reduz a verdade à sua capacidade de viralizar. No contexto das redes sociais, isso significa que a autenticidade cede lugar à estética do engajamento.

Desculpe, leitor, se volto sempre a essa precisão no argumento, mas é preciso lembrar que, no campo da saúde mental, essa lógica assume contornos ainda mais problemáticos. Muitos influenciadores se posicionam como "terapeutas digitais", oferecendo soluções rápidas para problemas complexos da vida psíquica, um pouco como as antigas hipnoses de palco. O sofrimento se torna um tema explorável, que pode ser embalado em formatos dramáticos para atrair cliques e curtidas. Em alguns casos, a dor é minimizada para que a narrativa de "vida perfeita" não seja quebrada; em outros, ela é espetacularizada para gerar identificação e criar um senso artificial de intimidade com os seguidores. Essa mercantilização do *self* leva a uma grande contradição: quanto mais alguém se esforça para se aproximar do "eu ideal" projetado nas redes, mais distante se sente da própria experiência autêntica.

Como observa Fabro (2004), a liberdade humana, quando reduzida à pura imanência, perde seu caráter ontológico e se torna refém de uma lógica externa. No mundo contemporâneo, essa lógica externa não é mais a da autoridade tradicional, mas sim a do mercado, que define o que devemos consumir, e também quem devemos ser. Ao cortar a relação entre liberdade e transcendência, a modernidade criou um tipo de servidão, na qual a liberdade, quando separada da Verdade e do Ser, perde seu caráter de autonomia real e se dissolve em uma sequência de decisões arbitrárias, movidas não por uma vontade autônoma, mas pelos ditames da cultura e da necessidade do momento[4].

Nas redes sociais, essa perda da liberdade se manifesta no culto ao "eu ideal", que, longe de ser uma expressão genuína da subjetividade, é um produto cuidadosamente construído para gerar aceitação e engajamento. Vale, inclusive, esclarecer – talvez muito tardiamente – que, ao introduzir o adjetivo "ideal" para descrever o "eu", no presente caso não se está falando do que, etimologicamente, o termo significa: na origem, "ideal" vem do grego ἰδέα (*idéa*), usado para indicar uma forma final, um tipo, um estilo, uma noção; no sentido, portanto, do que melhor se parece com o que deveria realmente ser algo ou alguém. Assim, por exemplo, uma "paisagem ideal" é aquela que melhor se parece com a ideia de uma paisagem. No caso em que vimos usando a expressão desde o início deste ensaio, o "ideal" não serve para descrever a ideia mais bem acabada de um "eu". Na verdade, aliás, o indivíduo que consome esse *self* comercializado não se molda conforme um princípio interno, mas conforme a programação do algoritmo e as expectativas da audiência, conforme o que o *influencer* definiu como sendo a ideia de um eu. Ao invés de promover um exercício de liberdade autêntica, essa autoimagem digital se transforma em um fardo, pois precisa ser constantemente validada, reforçando aquele ciclo de dependência e alienação para o qual vimos chamando a sua atenção, leitor.

A frustração como motor do engajamento

O culto ao *self* conformado ao modelo vendido como perfeito alimenta-se, paradoxalmente, do sentimento de insuficiência: quando os seguidores se deparam com conteúdos que exibem padrões inalcan-

4 Cf. Fabro, 2004, p. 259-299 (Ateísmo e desvio radical da liberdade).

çáveis de bem-estar físico, emocional, espiritual ou social, são logo tomados por um misto de fascínio e inveja. Essa frustração os motiva a buscar mais conteúdo, consumir mais conteúdo, comprar mais conteúdo na esperança de finalmente descobrir "o segredo" para se sentirem bem e, quem sabe, não só se sentirem, mas serem melhores, serem "a melhor versão de si mesmos" (mesmo que esse "si mesmo" seja, na verdade, o falso *self* comercializado através dos *terabytes* de imagens compartilhadas). Desse modo, a plataforma social retém o usuário por mais tempo, e o influenciador ganha mais o tão almejado "engajamento". Nesse jogo, só não ganha o desprevenido *follower*.

Em termos psicológicos, o efeito pode ser devastador: a frustração repetida gera ansiedade, baixa autoestima e, em alguns casos, depressão. Mas é interessante observar que só há frustração onde, antes, houve expectativa. E não é estranho que seja assim: expectativa, no seu sentido etimológico, significa olhar (*specto*) para fora (*ex-*); e me diga, leitor, se não é exatamente o que acontece na relação seguidor-influenciador. O primeiro está sempre olhando para fora de si, comparando-se com os padrões construídos até as minúcias pelo segundo. Não à toa, o resultado desse contínuo esforço de adequação ao inalcançável é exatamente a frustração: em latim, o verbo *frustrare* significa enganar ou trapacear; com efeito, a sensação experimentada é exatamente a de ter sido enganado. O seguidor vê a si mesmo, inicialmente, como alguém incapaz de alcançar o padrão, reforçando-se a necessidade de consumir ainda mais material motivacional, o que cria, assim, um ciclo de dependência em relação ao influenciador e à plataforma, no qual frustrar as expectativas é a palavra de ordem.

Fabro (2004) descreve esse fenômeno como a insaciabilidade da liberdade moderna, uma característica contraditória de um mundo que eliminou os limites transcendentes e, com isso, converteu a liberdade em um jogo infinito de insatisfação. De fato, a liberdade não pode ser apenas ausência de restrições, mas deve ser orientada para um bem real. Sem essa referência objetiva, a liberdade se torna um fardo insuportável, pois o homem, em vez de encontrar descanso e sentido, se vê obrigado a justificar constantemente sua própria existência por meio de escolhas que nunca têm fim.

Nas redes sociais, a ausência de um horizonte objetivo se revela na necessidade contínua de reafirmação. O usuário nunca pode se permitir um momento de verdadeira autenticidade ou vulnerabilidade, pois está sempre sendo observado e julgado. A busca incessante pelo "eu ideal" não liberta, mas escraviza. O indivíduo não descansa nunca, pois teme ser esquecido, cancelado ou ultrapassado por alguém que tenha uma imagem mais vendável: o ambiente digital e sua lógica operam como um cassino psicológico, no qual o usuário sempre sente que está prestes a encontrar a resposta definitiva para seus dilemas – mas essa resposta nunca chega.

O "eu real" e o esvaziamento do sentido de comunidade

Nessa dinâmica de sobrevalorização do eu, algo mais se compromete: o conceito de comunidade – central para a saúde integral da pessoa humana – decai em seu significado e, muito pior do que isso, cai em desuso ou é subestimado, perde seu valor. As relações, no contexto da infocracia, tendem a se tornar superficiais, pautadas pelas microinterações digitais, em vez de diálogos profundos e solidários. A busca pelo *self* privilegia o individualismo em detrimento da "comunalidade"[5]. E qualquer situação que frature ou impeça a experiência comunitária viva e autêntica adoece a pessoa humana[6].

Como é de se concluir, a idolatria digital do *self* acaba por dissolver a própria noção de solidariedade – de maneira geral, mas mais

5 Cf. Berdyaev, 2000.
6 Cf. Safra, 2004.

especial e lamentavelmente – no sofrimento humano. Questões que exigiriam empatia, paciência e suporte mútuo são transformadas em *shows* de "superação pessoal". O eu autêntico, com suas limitações e contradições, pouco ou nada aparece; acaba sempre sufocado pela *performance*, que, longe de libertar, aprisiona o indivíduo em padrões rígidos de comportamento e imagem.

Se a dinâmica terapêutica verdadeira exige verdade, linguagem criativa, encontro livre entre pessoas; se os processos clínicos que, de fato, curam supõem a singularização dos indivíduos envolvidos, em sua ancestralidade e destino, em suas dores e delícias de ser o que é, em sua microcultura e em seus anseios; fica-nos um importante incômodo no que concerne a essa lógica doente e adoecedora da idolatria, sobre a qual vimos nos debruçando no presente ensaio: como alguém pode acreditar estar servindo ao outro, em sua dor, quando tudo o que lhe oferece é o prazer infernal de uma aparência que se cola ao próprio ser?

O culto ao *self* idealizado – fantasma criado pela sanha de silenciar a urgência de ser pessoa – dissolve a experiência de comunidade, elimina a chance real do acontecer humano. O espaço que deveria ser dedicado à partilha genuína, ao compartilhamento histórico-cultural e ao suporte mútuo se torna uma competição silenciosa, na qual cada um busca afirmar sua superioridade. As interações digitais são superficiais, e a noção de pertencimento se fragiliza até o ponto de sucumbir em desenraizamento[7]. Num ambiente onde o valor do indivíduo é medido por sua capacidade de se autopromover, a empatia cede lugar à comparação; a amizade, à *network*; e a autenticidade, à necessidade de aprovação. Assim, esse perverso fenômeno da idolatria do *self*, longe de fortalecer o indivíduo, aprisiona-o em uma solidão performática, em que ele deve continuar representando um papel para permanecer relevante.

---

7 Cf. Weil, 2001.

A eliminação da transcendência – ainda que se fale tanto dela, nessa metafísica de botequim que se vulgarizou, hoje, nas redes sociais – também afeta o senso de comunidade. O individualismo promovido pelas redes cria um ambiente onde cada sujeito é o centro absoluto de sua própria existência, o que, não é por menos, leva à dissolução de laços autênticos, leva à superficialidade das interações, de modo que o outro deixa de ser alguém com quem se estabelece um vínculo autêntico, mas se torna apenas um espectador ou um competidor dentro do mesmo mercado de atenção, se torna um *lead*[8].

Fabro (2004) lembra que a ruptura do vínculo entre liberdade e verdade impede a construção de relações sólidas e significativas. De fato, a liberdade humana, quando isolada da relação com o outro e com a Verdade, degenera em uma espécie de solidão essencial, em que cada indivíduo se torna uma entidade autocentrada, desconectada do tecido comunitário. O resultado disso é que, como a liberdade autêntica só se realiza plenamente na relação – com Deus, com o outro e com a própria interioridade –, quando essa relação se dissolve, o homem se vê livre para tudo, exceto para encontrar sentido, exceto para ser verdadeiramente livre.

Diante desse cenário de fragmentação, vale a menção ao trabalho do filósofo russo Nikolai Alexandrovich Berdyaev (1874-1948), especialmente do conceito de *sobornost*, presente em sua obra: originalmente derivado da tradição ortodoxa russa, *sobornost* designa a unidade comunitária profunda e espiritual, na qual cada indivíduo se realiza plenamente na comunhão com o outro, sem abdicar de sua singulari-

8 *Lead* é um termo do *marketing* digital que se refere à pessoa que manifestou interesse em determinado produto ou serviço, fornecendo voluntariamente seus dados pessoais, como nome, *e-mail* ou telefone, para que seja possível manter contato. Nesse contexto, utilizo a expressão para destacar o modo como influenciadores digitais frequentemente abordam indivíduos não como sujeitos reais, mas como potenciais consumidores, ou seja, como *leads* a serem convertidos em clientes.

dade. Ao contrário da superficialidade digital, Berdyaev (2000) propõe uma comunidade autêntica, onde a relação com o outro é uma forma de transcendência pessoal e coletiva:

> A pessoa humana pode se realizar somente em comunidade com outras pessoas, na comunalidade (*Communautŭ*, *Gemeinschaft*). A pessoa não pode realizar a plenitude de sua vida quando trancada dentro de si. O homem não é somente um ser social e não pode pertencer inteiramente à sociedade, ele é *também* ser social. [...] É necessário fazer uma distinção entre comunalidade (*Communautŭ*, *Gemeinschaft*) e sociedade. A comunidade (comunalidade) é sempre personalista, é sempre um encontro de pessoa com pessoa, o "Eu" com o "tu" em um "nós". Na autêntica comunalidade não há nenhum objeto, para a pessoa a outra pessoa nunca é um objeto, mas é sempre um "tu". [...] *Sobornost* é o "nós" existencial. *Sobornost*, racionalmente, não pode ser expresso como um conceito, não está sujeito a objetivação. A objetivação de *Sobornost* o transforma em uma sociedade, provavelmente até em um estado[9].

De fato, em *sobornost*, o indivíduo não se dissolve numa massa informe nem se perde num individualismo disforme, mas encontra sua plenitude existencial justamente na reciprocidade espiritual e afetiva com o outro. Assim, recuperar a noção – existencial, a vivência mesma – de *sobornost* pode ser um antídoto eficaz contra a idolatria digital do *self*, resgatando um sentido de comunidade mais profundo, no qual o indivíduo não se esgota na *performance* pessoal, mas encontra significado em relações autênticas, solidárias e espiritualmente enriquecedoras. Ao invés do culto egocêntrico que dilacera a pessoa

9 Berdyaev, 2000, p. 29-30, tradução e grifo nossos.

humana, *sobornost* aponta para um horizonte no qual liberdade e comunhão não são forças antagônicas, mas dimensões complementares e essenciais à plena realização humana.

Berdyaev (2000) propõe uma antropologia filosófica cristã que tem como objetivo compreender a integralidade do ser humano. Ele observa que a crise moderna intensificou a busca pelo sentido da existência, enfatizando dois modos distintos de abordar o ser humano: "de cima", a partir de Deus e do mundo espiritual; e "de baixo", a partir de forças cósmicas e inconscientes. Para o pensador russo, a antropologia filosófica deve integrar essas perspectivas, superando as limitações das abordagens científicas, que frequentemente fragmentam o homem.

É interessante que, numa obra com mais de 80 anos, o filósofo tenha tocado em aspectos que, hoje, no final do primeiro quartel do século XXI, sejam tão relevantes para entender um fenômeno como o da idolatria digital. Segundo ele, o homem é um ser paradoxal, cuja natureza oscila entre opostos: grandeza e insignificância, liberdade e escravidão, eternidade e finitude. Assim, a verdadeira compreensão do ser humano só poderá ocorrer na experiência subjetiva, no interior da existência humana, e não pela simples objetificação científica, tendo em vista que esta última só lida com a ordem natural e biológica, enquanto a pessoa humana sempre transcende esta ordem, pois tem consciência de si e capacidade criadora. Se a ciência tende a objetificar – e, nisso, não necessariamente há um problema –, a lógica digital reifica, usa e abusa. Ambas, porém, não realizam esse intento, sem antes isolar o particular do real para o qual irão lançar toda a sua atenção compreensiva – de uma – e manipuladora – da outra.

Berdyaev (2000) sustenta que o individualismo moderno destruiu a dimensão comunitária essencial, promovendo um isolamento existencial. A verdadeira liberdade, segundo ele, não se encontra na autonomia absoluta, mas na relação autêntica com Deus, com os outros e consigo mesmo. Quando essa relação se rompe, o homem é lançado em uma solidão profunda, incapaz de encontrar sentido em sua liberdade. A liberdade, vale dizer, é essencialmente criativa e relacional: não consiste na ausência de limitações, como se costuma crer, num "faça você mesmo" pelagiano, como se vem usando promover; mas consiste, isto sim, na capacidade de afirmar valores espirituais e existenciais profundos, o que só ocorre plenamente na relação com Deus e com os outros seres humanos. Desvinculada dessa dimensão relacional e transcendente, a liberdade torna-se destrutiva e sem sentido.

Quanto dessa urgente reintegração do humano em sua totalidade – espírito e matéria, indivíduo e comunidade, liberdade e transcendência –, num esforço de superação do reducionismo científico-materialista ou do subjetivismo individualista é possível no cenário que temos disponível, hoje em dia, ao alcance de nossas mãos, nas redes sociais? É cada vez mais uma emergência do humano restabelecer uma visão do homem que seja profundamente espiritual, criadora e essencialmente comunitária.

Reconectar-se ao humano autêntico

Como se viu ao longo deste ensaio, leitor, o fenômeno da idolatria do *self*, que está profundamente enraizado nas dinâmicas contemporâneas das redes sociais, leva o indivíduo não à realização plena de sua liberdade ou à formação integral de sua personalidade, mas a uma exaustão subjetiva crônica. A identidade, reduzida a produto e a espetáculo, perdeu seu caráter genuíno e converteu-se em esforço performático contínuo, cujo único objetivo é a validação externa. Nesse cenário, a pessoa humana, na contemporaneidade, vê-se, paradoxalmente, alienada de si mesma, transformada em objeto, em mercadoria – numa autoexploração permanente, em que não é preciso mais um empregador externo ou um titereiro malvado, porque o indivíduo se torna seu próprio algoz.

O cerne dessa crise reside na concepção equivocada da liberdade e da subjetividade que sustentam a cultura digital. Conforme vimos no trabalho de Byung-Chul Han, aquilo que deveria ser a expressão livre e autêntica da identidade individual acaba por tornar-se um esforço incessante de adequação a modelos e padrões predeterminados. O "eu idealizado", em sua artificialidade sedutora, esgota o "eu real", produzindo ansiedade, frustração e dependência psicológica. Assim, o que se vende como liberdade – o poder de ser "a melhor versão de si mesmo" – revela-se uma prisão disfarçada, onde cada um vive obcecado em corresponder às expectativas geradas pelos algoritmos e pela audiência.

O filósofo italiano e sacerdote estigmatino Cornelio Fabro (1911-1995), no contexto dessa quinta discussão, ofereceu-nos uma chave de leitura filosófica útil para entender a profundidade do nosso problema: a crise do *self* digital é sintoma de uma liberdade dissociada da transcendência e, por isso mesmo, desconectada de qualquer horizonte significativo. Ao rejeitar o fundamento transcendente da liberdade, a modernidade acabou por reduzir esta a um mero exercício vazio de escolhas arbitrárias, cuja única orientação possível é o reconhecimento externo. De fato, separada da verdade, a liberdade degenera inevitavelmente numa servidão autoimposta. É exatamente essa servidão, travestida de liberdade e autonomia, que as redes sociais alimentam e intensificam. É impressionante o diálogo entre o pensamento do filósofo coreano – nosso contemporâneo – e o pensador tomista da Ordem dos Estigmatinos.

Mas, se o diagnóstico filosófico feito pelos dois interlocutores convidados deste ensaio é claro, cabe agora refletir sobre as alternativas possíveis para essa condição de aprisionamento digital. Como resistir à idolatria do *self*? Como restaurar uma concepção autêntica de liberdade que permita ao indivíduo reencontrar-se consigo mesmo, com o outro e com o mundo?

Uma primeira e rápida resposta – sempre provisória – poderia ser: implicar-se com a tentativa de recuperar a experiência concreta do humano autêntico, o acontecer da pessoa humana. O que está em jogo é a superação da lógica da *performance*, a rejeição ativa de padrões irreais e, sobretudo, a criação de espaços nos quais o "eu real" possa emergir sem medo do julgamento e da reprovação. Para os profissionais da saúde mental, especialmente psicólogos e psicoterapeutas, isso significa, antes de tudo, *abandonar as fórmulas fáceis de bem-estar, romper com a mercantilização das emoções e recuperar uma escuta verdadeiramente empática, livre dos padrões sensacionalistas*. Somente dessa forma será possível promover a reconstrução de identidades saudáveis, conectadas à realidade existencial e à singularidade de cada sujeito, em vez de ligadas a *personas* artificiais projetadas para a lógica do consumo de massa.

Mas esse resgate da autenticidade não é apenas um exercício individual. Ele demanda, igualmente, a *recuperação do sentido profundo de comunidade*. Como Berdyaev (2000) aponta com o conceito de *sobornost*, a verdadeira realização pessoal não pode acontecer fora de relações autênticas com os outros. Diferentemente da superficialidade dos contatos virtuais e das conexões efêmeras das redes sociais, *sobornost* implica uma comunhão existencial profunda e viva, na qual o indivíduo experimenta a plena realização em sua singularidade, precisamente pelo encontro com o outro. Nesse sentido, reconectar-se ao humano autêntico significa também reconstruir comunidades baseadas não no espetáculo da *performance* individual, mas na partilha genuína de vidas reais, histórias concretas e solidariedade legítima.

Nesse horizonte, as redes sociais, tão frequentemente condenadas por seu caráter alienante, poderiam recuperar algo de sua promessa original: a de criar espaços reais de encontro e diálogo humano. Mas para isso é preciso uma transformação profunda na forma como compreendemos a nós mesmos, o outro e a própria noção de liberdade.

Aqui se insere a contribuição essencial de Fabro (2004) para nossa compreensão da crise contemporânea: é necessário restaurar o vínculo entre liberdade e verdade, entre escolha e transcendência. A liberdade autêntica não é mera autonomia arbitrária, mas participação em uma ordem mais ampla de sentido, em um horizonte maior do que a simples satisfação momentânea de desejos superficiais ou o cumprimento contínuo de expectativas alheias. Quando recuperamos essa dimensão transcendental da liberdade, rompemos com a tirania da *performance* digital e encontramos espaço para uma existência mais significativa, onde o indivíduo pode realmente afirmar-se como pessoa, não como produto.

É precisamente com esse desafio filosófico e antropológico que finalizamos este ensaio, preparando-nos para o próximo passo da nossa reflexão: será que sempre se entendeu e experimentou a liberdade dessa maneira empobrecida, como simples autonomia pessoal ou desempenho infinito? Em outras épocas, terá havido um modo distinto de conceber e viver a liberdade que permita iluminar nosso presente e, mais do que servir de justificativa para uma nostalgia ou uma visão idílica do passado, sugerir caminhos para o futuro?

Diante da exaustão contemporânea, do cansaço existencial produzido pela idolatria digital do *self*, talvez seja o momento oportuno para reaprender com o passado e redescobrir uma liberdade mais profunda.

Pergunto-lhe, leitor, para que você reflita mais seriamente sobre tudo o que leu neste ensaio: será que nossa incessante busca pelo reconhecimento externo não está, na verdade, revelando o quanto já perdemos nossa capacidade de nos reconhecermos como realmente somos? Não teremos perdido a capacidade de olhar para a interioridade, de tanto que nos fixamos no exterior, numa quase presbiopia crônica?

6

Ressonâncias históricas: a experiência de liberdade no passado e no presente

> A incompreensão do presente nasce fatalmente da ignorância do passado. Mas talvez não seja menos vão tentar compreender o passado se nada sabemos do presente.
>
> Marc Bloch

No século XII, um monge dos Cônegos Regulares de Santo Agostinho que, mais tarde, se tornaria cardeal em Paris, escreveu uma pequena obra chamada *Didascalicon*, uma espécie de manual didático[1]: trata-se do Beato Hugo de São Vitor (1096-1141), que, na referida obra, propunha uma visão rica e estruturada sobre o papel do conhecimento no processo formativo e educativo do ser humano. Dentro dessa perspectiva, a História é apresentada como uma disciplina essencial na formação integral da pessoa: ela não é apenas um relato cronológico de acontecimentos passados, mas tem uma função pedagógica e espiritual profunda; pois instrui, orienta e fornece exemplos de vida moral e espiritual aos indivíduos.

---

1 Cf. São Vitor, 2018.

A História, com efeito, é particularmente importante, em primeiro lugar, porque ajuda a conservar a memória coletiva e a construir uma identidade comunitária e pessoal: ao ter consciência do que aconteceu antes, o indivíduo situa-se num contexto mais amplo, compreendendo seu papel na história humana. Mencione-se também o fato de que, ao narrar ações e decisões passadas, a história oferece exemplos a serem imitados ou evitados, orientando o comportamento humano para o bem, fornecendo lições práticas que guiam a vida moral e ética das pessoas. Finalmente, a história pode ser associada ao conhecimento sapiencial, de forma que a narrativa histórica, ao ser meditada e compreendida em profundidade, se torna um caminho para a sabedoria, ensinando não só os fatos, mas seu sentido existencial e espiritual.

Colocados diante dessa noção de História, de quase um milênio de existência, é fácil que concordemos com o monge medieval acerca do lugar que este saber deveria ocupar na nossa formação. Mas, se formos bem sinceros, acabaremos sucumbindo à ideia segundo a qual o passado não nos diz respeito em nada... especialmente esse passado remoto sobre o qual se debruça a História tal como a conhecemos nos bancos da escola.

Com efeito, este último pensamento corresponde muito melhor ao que Hartog (2003) chama de *regime de historicidade contemporâneo*, segundo o qual a nossa sociedade atual constrói sua maneira de se relacionar com o tempo histórico de modo que *a dimensão do presente domina quase exclusivamente a percepção temporal, reduzindo o passado à mera memória imediata e o futuro à projeção do presente*[2]: temos a tendência a desconsiderar o passado, cortamos as cordas que nos ligam ao que aconteceu e, na melhor das hipóteses, apenas vivemos uma nostalgia ou um ressentimento com relação ao passado. E, com isso,

2 Cf. Hartog, 2003. Cf. também o importante trabalho de Massimi, 2016.

deixamos de aprender com a *Magistra Vitae* – a mestra da vida, ou seja, a própria História[3].

Não à toa, a própria Historiografia – a arte de escrever a História – foi marcada por mudanças importantes. E, se ficarmos com os fatos mais recentes, veremos que, no início, ela esteve vinculada à tradição idealista alemã e ao método positivista francês, que privilegiavam o estudo de grandes pensadores, suas obras e influências, como uma história linear e progressiva do pensamento humano. Contudo, a partir do início do século XX, emergiu uma nova perspectiva historiográfica, liderada pela Escola dos *Annales*, especialmente com historiadores como Marc Bloch (1886-1944)[4], Lucien Febvre (1878-1956)[5], Fernand Braudel (1902-1985)[6], e depois Jacques Le Goff (1924-2014)[7], Michel Vovelle (1933-2018)[8] e outros[9]. Essa nova perspectiva é a História das Ideias.

A visão sobre a história proposta pela Escola dos *Annales* privilegia contextos sociais, culturais e psicológicos da construção dos saberes. Sobretudo com o conceito de *longa duração* (Braudel, 1949) e a noção de *temporalidades múltiplas* (Koselleck, 2000), tornou-se possível perceber que ideias fundamentais – como liberdade, verdade, bem e transcendência – mantêm seu valor universal e seu caráter de necessidade ao longo do tempo e assumem configurações próprias em cada contexto histórico.

---

3 O regime antigo, segundo Hartog (2003), segundo o qual o passado é referência absoluta, é aquele no qual as sociedades tradicionais se relacionavam com a história como mestra da vida, fazendo o presente e o futuro serem vividos e compreendidos sempre à luz do passado.
4 Cf. Bloch, 2002.
5 Cf. Febvre, 1946.
6 Cf. Braudel, 1949.
7 Cf. Le Goff, 1977.
8 Cf. Vovelle, 1997.
9 Cf. Dosse, 1997.

Atualmente, a historiografia dos saberes busca integrar diferentes metodologias, transitando entre a continuidade de determinados conceitos e suas variações em conjunturas histórico-culturais específicas. Vale dizer que, quanto mais os conceitos são fundamentais, na cultura, tanto menos serão meras construções arbitrárias, mas expressões que dialogam com a dimensão existencial profunda do humano, possuindo, assim, simultaneamente uma universalidade essencial e uma historicidade que exige atenção aos contextos específicos em que ganham vida e concretude.

Perceba, leitor, que, seja como for, a História acaba sendo sempre uma guia necessária no nosso esforço de compreensão do que estamos vivendo no presente. Mesmo que o nosso regime de temporalidade privilegie o presente em detrimento do passado e mesmo em detrimento de uma perspectiva realista acerca do futuro, fato é que, se nos debruçarmos sobre o passado da forma como a historiografia das ideias o investiga, seremos obrigados a reconhecer que, por mais que o presente mostre tão significativas e contínuas mudanças, em tão variados cenários culturais, algumas ideias parecem ser sempre as mesmas. Não porque a elaboração conceitual seja sempre a mesma, mas porque a experiência viva daquele conceito não muda.

Veja, por exemplo: se tomássemos a concepção jesuítica de liberdade, com seu enfoque na transcendência e no discernimento interior, seríamos obrigados a reconhecer, num primeiro ímpeto, que ela contrasta radicalmente com a concepção atual de liberdade digital, baseada na *performance*. No entanto, a *experiência de liberdade*, tal como dada a conhecer por esses mesmos jesuítas, nos irmana, de alguma forma, apesar de tão distantes um do outro, no tempo, na cultura, no modo de pensar etc.

De fato, graças à História das Ideias Psicológicas, podemos dizer que conceitos como o de liberdade, mas também o de vontade e transcendência, adquirem contornos específicos conforme o contexto cultural e espiritual de uma época. Contudo, os fenômenos que eles representam perduram na *longue durée* da experiência humana: assim, o estudo de alguns documentos produzidos pela Companhia de Jesus nos séculos XVI e XVII oferece *insights* valiosos sobre a nossa relação com o desejo, o poder e os mecanismos de manipulação experimentados, hoje, no ambiente digital.

Embora originados em um período distante, esses textos iluminam o modo como a busca pela verdade interior pode funcionar como um antídoto contra os processos de idolatria – sejam eles religiosos, políticos ou, como analisamos ao longo deste livro, digitais. A relação entre liberdade e obediência nos escritos inacianos desafia a concepção contemporânea de autonomia individual, frequentemente reduzida à mera ausência de restrições externas. Em contraste, a liberdade jesuítica não é espontaneidade irrestrita, mas o resultado de um exercício rigoroso de discernimento, no qual a vontade se alinha a um princípio superior, libertando-se das paixões desordenadas e de outras influências alienantes.

A Companhia de Jesus e a noção de liberdade interior

Liberdade: o que é isso? Um conceito simplesmente relativo? Uma experiência absurda? Uma "condenação", como a definiu o filósofo existencialista francês (Sartre, 1976)? Nada? Uma impossibilidade para os homens de qualquer tempo, cultura ou lugar? Fazer o que se quer? Conformar-se, com tolerância, à realidade que se apresenta? Resignação? Uma utopia democrática? Ideal? Um gozo momentâneo? Indeterminação absoluta? Voluntarismo? Viver sem opressões e resistências? Afinal, o que é a liberdade? Interessa se debruçar sobre isso? Se sim, por que o fazer de uma perspectiva psicológica? Mais: por que seguir os caminhos da história? Ainda mais: por que dirigir essa pergunta aos jesuítas dos séculos XVI e XVII?

No mais das vezes, damos por óbvia a compreensão que temos de certas palavras, o que, dependendo de seu valor para a constituição do sujeito, pode determinar nossa escravidão a uma ideologia da mentalidade comum e, consequentemente, definir nossa alienação[10].

Para esquivarmo-nos dessa alienação, será preciso empregar nossa inteligência viva, ou seja, dar passos em direção ao que, verdadeiramente, interessa ao nosso *intellectus cogitabundus*[11]. Assim, "a inteligência operante intui um método"[12] na medida em que se pergunta sobre como conhecer, de fato, determinado objeto. No caso deste ensaio, nosso objeto é a "experiência de liberdade"[13]. E qual seria o caminho mais razoável para se chegar a compreender o que seja a liberdade – não uma liberdade genericamente compreendida, mas uma liberdade cujos limites histórico e cultural estejam bem delimitados?

Exatamente por essa delimitação, é importante que se tenha em mente que há um campo semântico particular a ser assumido para compreendermos a referida "experiência de liberdade" no contexto mencionado: será na medida em que recuperarmos uma gramática verossímil dos termos de uma época, de uma instituição ou de uma cultura, que seremos capazes de ver se desenhando, paulatinamente, a descrição mesma de um vivido com características muito peculiares[14]. A referida "gramática" é aquela do ambiente cultural da Espanha dos séculos XVI e XVII e, mais especificamente, do ambiente institucional da Companhia de Jesus. Resta-nos, mesmo que muito brevemente, apresentar-lhe, leitor, algo desse mesmo contexto específico, contexto do qual fizeram parte homens "injuriados como demônios, venerados

10 Cf. Giussani, 2009.
11 *Cidade de Deus*, XIX, 3. Cf. Agostinho, 2012.
12 Idem, p. 135.
13 Idem, p. 136. Cf. também Pacheco, 2004.
14 Cf. Certeau, 2002.

como santos"[15] ao longo do tempo, exatamente porque sempre foram vistos sob a ótica da "posição cultural e religiosa de seus observadores"[16]. Assim, se quisermos conhecê-los, o melhor caminho é partir da compreensão que tinham de si mesmos, conforme sugere O'Malley (1999b). E, se sabemos que a compreensão que tinham de si era a compreensão que Santo Inácio tinha de si, ficará claro que, para conhecê-los, mesmo que brevemente, devemos partir de seu fundador.

Inácio de Loyola (1491-1556), nascido Íñigo López de Loyola, veio ao mundo na pequena vila basca de Azpeitia, no castelo da família Loyola. Oriundo da baixa nobreza espanhola, Inácio seguiu inicialmente a carreira militar. Em 1521, durante o cerco de Pamplona contra tropas francesas, foi gravemente ferido na perna por uma bala de canhão, episódio que alteraria profundamente sua trajetória. Convalescente, sem encontrar os romances de cavalaria que desejava, Inácio encontrou como únicas leituras disponíveis uma *Vida de Cristo* (do monge Ludolfo da Saxônia) e uma *Legenda Aurea*, narrando vidas de santos. Essas leituras provocaram nele um processo de conversão espiritual, levando-o a se determinar a abandonar a vida militar e mundana, para seguir a Cristo, imitando os santos.

Após sua recuperação, em 1522, Inácio peregrinou ao mosteiro beneditino de Montserrat, deixando ali sua espada e suas roupas nobres, adotando a condição de peregrino penitente. Fixou-se por quase um ano na pequena cidade de Manresa, período de intensa oração, jejum e penitência, durante o qual compôs a base dos futuros *Exercícios Espirituais*. Esses escritos formaram uma metodologia prática de discernimento espiritual, orientada a identificar a vontade divina e ordenar a vida a partir da contemplação das Escrituras e do exame meticuloso da consciência.

---

15 O'Malley, 1999b, p. 5, tradução nossa.
16 Idem, ibid., tradução nossa.

Entre 1523 e 1524, Inácio fez uma peregrinação a Jerusalém, retornando à Espanha com o objetivo de estudar e formar-se academicamente. Em Salamanca e Alcalá de Henares (1526-1527), enfrentou suspeitas da Inquisição, devido à ousadia de seus ensinamentos espirituais como leigo ainda sem formação teológica. Optou então por prosseguir seus estudos em Paris, ingressando no Collège de Sainte-Barbe, anexo à Universidade de Paris, no ano de 1528.

Foi na Universidade de Paris, entre 1528 e 1534, que Inácio reuniu em torno de si um grupo de estudantes que seriam o núcleo original da Companhia de Jesus. Entre os primeiros companheiros estavam o espanhol Francisco Xavier (1506-1552) – canonizado em 1622 –, o francês Pierre Favre (1506-1546) – canonizado em 2013, pelo Papa Francisco –, o português Simão Rodrigues (1510-1579), os espanhóis Diego Laynez (1512-1565), Alfonso Salmerón (1515-1585) e Nicolás Bobadilla (1511-1590). Em 15 de agosto de 1534, na capela dos Mártires em Montmartre, Inácio e seus companheiros pronunciaram votos privados de pobreza, castidade e obediência, além de terem decidido ir em peregrinação à Terra Santa. Caso a peregrinação não fosse possível, prometeram colocar-se à disposição do Papa, oferecendo-se ao serviço missionário e apostólico da Igreja.

Impossibilitados de ir a Jerusalém pela situação política da época, os primeiros jesuítas dirigiram-se, então, para Roma. Em 27 de setembro de 1540, após um cuidadoso exame por parte da Cúria romana, o Papa Paulo III aprovou oficialmente a Companhia de Jesus pela bula *Regimini Militantis Ecclesiae*[17], confirmada e ampliada posteriormente pela bula *Exposcit Debitum*[18], em 1550. Em 1541, Inácio foi eleito o primeiro superior-geral da Companhia, cargo que exerceu até sua morte em 1556.

17 Cf. Loyola, 1991.
18 Cf. idem.

Desde o início, a Companhia de Jesus caracterizou-se por uma rigorosa organização interna e uma obediência especial ao Romano Pontífice. O carisma inaciano, expresso no lema *Ad Maiorem Dei Gloriam* ("Para a maior glória de Deus"), materializou-se rapidamente em três grandes áreas apostólicas: missões estrangeiras, educação e combate à Reforma Protestante.

Os jesuítas empreenderam missões apostólicas em territórios até então distantes da Europa, como Índia (com Francisco Xavier, já em 1542), Japão (1549), China (século XVI), América Latina (com as famosas reduções jesuíticas iniciadas no início do século XVII) e diversas regiões da África. Sua atuação missionária destacou-se pela adaptação cultural e pelo estudo aprofundado das línguas e culturas locais.

Paralelamente, a Companhia se estabeleceu rapidamente como grande referência educacional na Europa, fundando colégios voltados à formação humanista cristã e universidades, tendo como um dos pilares pedagógicos a *Ratio Studiorum*[19], método publicado em 1599 que regulava a organização curricular e metodológica das instituições jesuítas.

No contexto europeu, os jesuítas tiveram importante papel na Reforma Católica, destacando-se pelo rigor intelectual e teológico no combate às doutrinas protestantes, especialmente através da atividade missionária na própria Europa, e da participação ativa no Concílio de Trento (1545-1563), onde jesuítas como Diego Laynez tiveram papel decisivo.

No século XVIII, devido a conflitos políticos e tensões religiosas, a Companhia foi suprimida em vários países europeus (Portugal em 1759, França em 1764, Espanha em 1767). Por fim, a Companhia foi oficialmente extinta pelo Papa Clemente XIV em 1773, pelo Breve

19 Cf. Raffo, 1989.

Dominus ac Redemptor[20]. A supressão durou até 1814, quando o Papa Pio VII, reconhecendo a importância do trabalho jesuíta para a Igreja, restaurou oficialmente os inacianos pela Bula *Sollicitudo Omnium*[21]. A supressão marca o fim do que, hoje, se costuma chamar de "Antiga Companhia de Jesus". Enquanto a restauração marca o surgimento do que se usa denominar "Nova Companhia de Jesus".

Dessa forma, Santo Inácio de Loyola – o modelo – permaneceu, através de sua vida e obra, profundamente associado à missão original da Antiga Companhia de Jesus (e quiçá da Nova): servir à Igreja e ao mundo, propondo uma espiritualidade que busca unir liberdade pessoal, discernimento e compromisso com a verdade e a justiça, sempre para a maior glória de Deus. É essa "permanência" de Santo Inácio na própria identificação dos jesuítas com o carisma da Companhia de Jesus que nos permite falar mais do que de um "modelo", falar de uma "experiência-modelo":

> É possível também descrever a categoria "experiência" como uma forma de acesso à verdade que não se dá apenas no nível contemplativo-abstrato, mas também sensível; e é o que permite uma filiação definitiva, cheia de razões, uma filiação à Companhia de Jesus que define o indivíduo que obedece e segue como um cadáver – *perinde ac cadaver* – determinadas regras que são uma vida, ou melhor, a vida de uma "experiência-modelo" peculiar e fundante – a de Inácio –; e, finalmente, como forma de acesso a Deus não solitária e voluntarista, mas a partir do pertencimento a uma ordem religiosa, particularmente, e à Igreja, de maneira geral[22].

---

20 Cf. Clemente XIV, 1773.
21 Cf. Pio VII, 1814.
22 Pacheco, 2004, p. 209.

Com efeito e dando por suposto muito do que foi a vida "peculiar e fundante" de Santo Inácio[23], é possível dizer que aquilo a que vimos chamando, desde o início deste ensaio, de "experiência de liberdade" se trata da dinâmica que pode ser descrita como um inicial conhecimento do Bem e do Fim últimos para os quais a pessoa humana foi criada e a consequente adesão racional, mas não abstrata ou puramente contemplativa, a esses mesmos Bem e Fim últimos; uma decorrente felicidade daí advinda; essa adesão, ou obediência, resulta na identificação do indivíduo com o corpo institucional da Companhia de Jesus, tendo como fruto a experiência de ser "filho verdadeiro" da Ordem; e o dinamismo de conhecimento de Deus que traz consigo um desejo de imitação, identificação ou adesão, de que se segue uma experiência de consolação. Liberdade, portanto, pode ser descrita – não conceitual, mas experiencialmente – como sendo o resultado de uma tríade vivencial integralmente presente e reconhecível na vida de Santo Inácio: vocação/conhecimento de si, obediência/pertença e consolação/felicidade[24].

Os jesuítas enfatizavam a necessidade de um discernimento contínuo, um exame rigoroso das próprias inclinações e paixões. O objetivo era alcançar o que Santo Inácio de Loyola chamava de "indiferença", não no sentido de apatia, mas de desapego das pulsões imediatas que escravizam a vontade. Essa liberdade interior, cultivada nos *Exercícios Espirituais*[25], não significava ausência de desejos, mas a capacidade de ordená-los conforme um princípio maior de verdade e bem comum.

É exatamente na experiência-modelo de Santo Inácio – que, aliás, não ficou circunscrita tão somente à sua própria vida, mas formou uma experiência verdadeiramente comunitária e de pertencimento libertador – que deveria residir o interesse contemporâneo em buscar

---

23 Particularmente interessante para isso é o *Relato do peregrino*. Cf. Loyola, 1991.
24 Cf. Pacheco, 2004.
25 Loyola, 1997.

recursos para enfrentar as sutilezas da manipulação digital. O discernimento espiritual dos jesuítas, concebido numa época distinta da nossa, oferece-nos ferramentas conceituais e existenciais valiosas para compreender e resistir às armadilhas atuais da liberdade ilusória das redes sociais.

Nos *Exercícios Espirituais*, por exemplo, Santo Inácio deixou delineado um caminho para uma liberdade robusta, pautada na responsabilidade pessoal. Ele insiste na necessidade de examinar a origem dos próprios desejos: de onde vêm? São movidos pela busca da verdade ou pelas pressões externas de um ambiente que molda artificialmente as aspirações individuais? Esse questionamento se torna especialmente relevante no contexto da idolatria digital, em que o indivíduo, exposto a fluxos incessantes de estímulos, é levado a confundir liberdade com a mera possibilidade de escolher entre opções predeterminadas pelos algoritmos.

Se os jesuítas ensinavam a desconfiar das paixões desordenadas que poderiam desviar o sujeito de seu verdadeiro propósito, o ambiente digital contemporâneo, por sua vez, estimula um estado permanente de excitação emocional, incentivando a reatividade impulsiva em detrimento do discernimento crítico. A noção inaciana de liberdade, aplicada ao contexto atual, poderia atuar como um freio aos mecanismos de manipulação e dependência emocional que caracterizam as redes sociais.

Esse modelo inaciano contrasta diretamente com a dinâmica da idolatria digital, marcada por ideais superficiais de sucesso e pela perda do contato consigo mesmo. Atualizado para o nosso contexto contemporâneo, no qual abundam fenômenos humanos adoecidos, cujas raízes afundam no solo viciado das redes sociais, o discernimento tal como proposto pela Antiga Companhia de Jesus – que encarna o discernimento realizado pelo próprio fundador – poderia ajudar o indivíduo a identificar e resistir às influências externas e alienantes que moldam suas escolhas. De fato, na longa duração, a experiência vivida por milhares de missionários não pode ser objeto de uma nossa negligência: há algo ali para ser aprendido.

Retórica, verdade e liberdade: entre a formação humanista e a servidão digital

O contexto sobre o qual estamos tratando, neste ensaio, é a passagem do século XVI para o XVIII: trata-se de um importante período histórico, no qual, culturalmente, o fenômeno que ditava as regras do pensar e do agir humanos era o que, hoje, denominamos "humanismo" e "renascimento". Foi nesse período que se deu um avanço que, no que vimos tratando, aqui, é de significado fundamental: a arte de escrever cartas – a *ars dictamini* medieval – adquiriu uma nova importância, fazendo com que a retórica, antes circunscrita quase exclusivamente ao bem falar, passasse a regular também o bem escrever[26]. Se, na Idade Média, essa arte já tinha um lugar de destaque, com o Renascimento, a tradição ganha uma "nova importância, sobretudo dado o fato de que, com o advento da imprensa de caracteres móveis, firmou-se poderosamente o costume de se publicarem epistolários privados"[27].

Sendo a marca de uma época – a Renascença –, a retórica como prática e como conteúdo de aprendizado não podia estar de fora do "projeto pedagógico" das instituições de ensino, dos mais diversos níveis. Com efeito, o sistema educacional utilizado nas escolas e nas universidades dirigidas pela Companhia de Jesus era o mesmo do período medieval, fundado sobre as sete artes liberais: lógica, gramática, retórica (que compunham o *Trivium*), aritmética, música, geometria e astronomia (que compunham o *Quadrivium*)[28].

---

26 Cf. Longo (1981) e Pécora (1999).

27 Pacheco, 2004, p. 39.

28 Cf. Raffo (1989), Giard (1995), Compagnie de Jésus (1997) e Pacheco (2007).

A *Ratio studiorum* era o documento que norteava a pedagogia nas instituições de ensino jesuíticas. Ela apresentava um modelo pedagógico erigido sobre fundamentos como a pesquisa, a prática e as adaptações decorrentes da experimentação. Tratava-se de uma espécie de guia didático-administrativo destinado a todas as instituições educativas dirigidas pela Companhia de Jesus, e nele estavam estabelecidas as regras de atuação a todo o corpo docente dos cursos, estruturas curriculares e, entre outros, procedimentos didáticos e formais. O modelo sobre o qual Santo Inácio de Loyola esboçou sua proposta foi o da *Université de Paris*, por onde ele próprio passou. Porém, a primeira versão da *Ratio* só veio a público em 1560 – 4 anos após a morte do fundador dos jesuítas –, sendo reeditada em 1586 e revisada uma vez mais, em 1599, quando foi editada na sua versão definitiva, com o título *Ratio atque institutio studiorum Societatis Iesu*, que ficou em vigor em todos os colégios e universidades jesuíticos do mundo inteiro até o ano de 1773.

Já que falávamos em *longue durée*, no início deste ensaio, vale a menção ao fato de que esse documento normativo tornou possível uma influência uniforme e duradoura em todas as instituições em que os jesuítas eram professores, mesmo em realidades tão díspares da Europa como a realidade do Brasil Colônia.

> Num período marcado pela necessidade de se formarem "espíritos segundo as diretrizes da ortodoxia mais rígida", um período em que urgia à Igreja Católica a formação de um pensamento coeso e unânime (especialmente em filosofia e teologia), um período de renovação das ciências eclesiásticas e da vida religiosa, sem dúvida era de grande relevância e mesmo indispensável que se estabelecessem certas instruções que norteassem o ensino das humanidades, bem como da filosofia e da teologia, a fim de se evitar contendas e maiores divisões. A

> eclosão do movimento Reformista Protestante exigia uma postura da Igreja Católica: é no século XVI que surge, então, a Reforma Católica, marcada pela reafirmação das tradições; especialmente no campo da filosofia, a retomada da Escolástica. A *Ratio studiorum* era um documento que chamava a atenção dos jesuítas para a necessidade de se respeitarem as *Constituições* quanto ao programa de estudos, o que implicava o seguimento de Aristóteles corretamente interpretado[29].

De fato, o lugar ocupado pelo pensamento aristotélico-tomista era central: ainda que, em retórica, os autores mais estudados, naquele momento histórico, tenham sido Cícero e Quintiliano, no âmbito da Companhia de Jesus a teoria ciceroniana estava sempre associada à teoria dos tópicos e da dialética aristotélica[30]. De forma que aprender a retórica era mais do que aprender a beleza de um estilo literário de comunicação oral ou escrita: estava em jogo, na verdade, o domínio da capacidade argumentativa, em vista da persuasão sobre o interlocutor, a fim de convencê-lo com argumentos justos e verdadeiros. Isso se conquistava por via do que se usou chamar de partes da retórica: a *inventio*, que via a "inventar" ou descobrir na realidade elementos (palavras ou coisas) que permitam conferir maior plausibilidade para o discurso; a *dispositio*, que ordenava os elementos descobertos no real; a *elocutio*, destinada a adaptação dos elementos uns aos outros; a *memoria*, responsável por perceber sensivelmente, na alma, os elementos ordenados e adaptados; e, por fim, a *pronuntiatio*, que visava a controlar a voz e o corpo, de modo a adaptá-los bem à dignidade dos elementos[31]. Assim, no momento de falar ou de escrever, o homem de-

---

29 Pacheco, 2004, p. 40.

30 Cf. García-Mateo, 1998.

31 Cf. Yates, 1975. Mas, atenção seja dada especialmente à obra *De oratore*, de Cícero: cf. Cicéron (1965), Cicéron (1966) e Cicéron (1967).

veria ter bem claros para si todos os elementos de sua argumentação: os dados da realidade interna ou externa, ordenados e adaptados entre si, somados à sua experiência sensível desses mesmos dados e do seu valor, e a atenção ao seu interlocutor ou leitor (seu lugar social, por exemplo).

Veja, leitor, que, no ambiente cultural, institucional e histórico a que vimos fazendo menção desde o início deste capítulo, formação e educação compõem um todo bastante unitário. Além da preocupação formal, pode-se dizer que qualquer um que se dispusesse a escrever uma carta, em conformidade com as regras da composição, se comprometia com a verdade, em primeiríssimo lugar, e, só por isso, podia assumir um estilo retórico, segundo as diferentes qualidades de dados, as diferentes formas de ordenação e de adaptação, as diferentes experiências, os diferentes interlocutores, a fim de se comporem diferentes tipos de carta, que, além disso tudo, eram "um produto puro da capacidade de escrever do autor"[32]. O que poderia parecer, então, à primeira vista, uma formatação do escrever e uma homologação do comunicador e, o que é pior, do interlocutor, no fim, era o resultado legítimo de uma formação humana que considerava a integralidade da pessoa humana e, nela, seu aspecto mais elevado: a liberdade, o pensamento livre, a vontade livre. O discurso – oral ou escrito –, nesse contexto, nunca era para vencer, mas para convencer; nunca era para somente informar, mas para formar e transformar. Algo bastante distinto de tudo a que assistimos hoje em dia.

É preciso dizer, porém, que, ao longo dos séculos XVI e XVII, as disputas teológicas e filosóficas demonstraram que a retórica persuasiva podia também enganar. Cientes disso e bem enfronhados no seu período histórico, com todos os seus dramas e heresias, os missionários jesuítas, em seus escritos, deixaram o registro da força da co-

32 Longo, 1981, p. 186, tradução nossa.

municação e da linguagem sobre os grupos sociais, mas sua ênfase recaía sobre a responsabilidade do sujeito diante da mensagem recebida. O exercício da liberdade e da consciência moral deveria coexistir com a busca do sentido comunitário: é sabido, nesse sentido, que uma das funções das cartas era exatamente a "manutenção de relações sociais"[33]. Com efeito, no seio da Companhia de Jesus, as cartas, segundo as indicações do próprio fundador, no texto das *Constituições*[34], deveriam cumprir o papel de informar, reunir num só corpo e comunicar experiência mística ou devocional[35].

Não à toa, na própria experiência-modelo que serviu de fundamento e gênese da Companhia de Jesus – ou seja, na vida de Santo Inácio de Loyola –, é possível encontrar amplo exemplo do uso que se pode fazer da retórica com a função expressa acima: um dos maiores legados deixados por Inácio, em tudo coerente com os ideais medievais e embebida no mais legítimo espírito renascentista, é o *corpus* de suas cartas[36]. São 6.813 correspondências, reunidas em 12 volumes, que ajudam a ter uma ideia completa tanto da espiritualidade jesuítica quanto de seu ordenamento institucional.

A propósito disso, no dia 27 de julho de 1547, Inácio escreveu uma longa carta/regra, normatizando o uso da correspondência no

---

33 Tin, 2003, p. 13. Cf. a respeito do assunto, no âmbito específico da Companhia de Jesus, O'Malley, 1999b.

34 Cf. Loyola, 1991. Na Parte Terceira – chamada *A conservação e o progresso daqueles que estão em provação* –, o texto das *Constituições* diz que um dos exercícios para "a conservação do que concerne à alma" é a "leitura de cartas edificantes" (p. 457, tradução nossa) durante as refeições, nas casas de formação dos jesuítas. Mais à frente, na Parte Quarta – chamada *A formação nas letras e nos outros meios de ajudar o próximo daqueles que se guardam na Companhia* –, no capítulo décimo sétimo, que trata dos "encarregados do ofício ou ministros da universidade", se diz que o reitor deve escrever, a cada ano, ao Prepósito Geral, uma carta acerca de todos os professores e outras pessoas pertencentes à Companhia, "inteirando-os do que lhes convêm, para que se aja em tudo com mais circunspecção e com o cuidado de que cada um faça o que deve ser feito" (p. 504, tradução nossa).

35 Cf. Pécora, 1999.

36 Cf. Cardoso, 1990.

seio da Ordem, que, então, já se encontrava "dispersa em diversas regiões"[37], e enumera vinte razões importantes acerca da ajuda que se pode encontrar no exercício de troca de cartas:

> Entre elas, diz: "a primeira razão é a união da Companhia"; "a solidez e firmeza da Companhia"; "amor mútuo, que naturalmente se resfria pela ausência e pelo esquecimento"; "crescimento da boa reputação da Companhia"; "crescimento do número de membros da Companhia"; "o próximo é edificado e encorajado a fazer o bem"; "o bem universal da Igreja"; "crescimento da glória e louvor de Deus"[38].

Note-se que o esforço de unidade entre os "filhos dispersos"[39] da Ordem – ligado, como se viu até aqui, à retórica envolvida na produção das correspondências epistolares trocadas entre os membros, por séculos – não é pretexto para escrever cartas, é, pelo contrário, consequência do próprio escrever, com a devida abundância de ideias, mais que de palavras. E do escrever segundo uma "facúndia 'grave e madura' e jamais 'exuberante e juvenil'"[40], ou seja, um jesuíta quando escrevia não tinha uma segunda intenção por trás, mas buscava comunicar o próprio sentido de pertença que o caracterizava, de modo que a unidade entre os membros dispersos não era conquistada pela exuberância do dizer, mas pela verdade do dizer: dessa maneira, eram mais homens virtuosos do que orgulhosos retóricos.

Assim, fica claro que, na tradição inaciana, a comunicação escrita era entendida como um exercício sobretudo ético e espiritual, orientado para fortalecer a liberdade autêntica e a adesão inteligente. O uso

---

37 Loyola, 1991, p. 708, tradução nossa.
38 Pacheco, 2004, p. 47.
39 Cardoso, 1990, p. 26.
40 Pécora, 2001, p. 32.

consciente da retórica visava a promover unidade, comunidade e discernimento crítico, afastando o risco da manipulação e do uso superficial da linguagem. Essa perspectiva histórica lança luz sobre os desafios éticos enfrentados no contexto atual das redes sociais, marcado por uma retórica frequentemente voltada para o espetáculo, a superficialidade e o engajamento vazio.

O modelo que você acabou de conhecer, leitor, se contrapõe radicalmente à lógica individualista das redes sociais, que reforça a noção de que cada um deve construir sua própria verdade, sem referência a uma comunidade ou a uma ordem de sentido transcendente. Ao resgatar a perspectiva histórica de que a liberdade se exercita em uma comunidade que questiona e apoia, compreendemos que a solidão hiperconectada das plataformas digitais, longe de favorecer a autonomia, reforça formas sutis de servidão psicológica. Tudo bem ao contrário do que esta mesma geração costuma dizer de si e acusar o passado.

Na tradição inaciana, a obediência não era vista como uma imposição exterior, mas como um caminho para a liberdade real, no qual a vontade se alinha ao que é objetivamente bom e verdadeiro. Esse princípio contrasta com a cultura digital contemporânea, em que o engajamento constante em redes sociais e a busca por validação externa tornam o sujeito vulnerável a narrativas fabricadas, muitas vezes projetadas para capturar sua atenção e direcionar suas escolhas sem que ele perceba.

Se a tradição jesuítica e seu modelo humanista valorizavam uma comunicação ética e autêntica, centrada na busca da verdade e na promoção da liberdade interior, torna-se oportuno questionar como esse legado espiritual e intelectual pode dialogar com os desafios contemporâneos impostos pela era digital. Será possível aprender algo com esse passado ainda tão distante em sua forma, mas tão próximo em suas inquietações fundamentais? Em outras palavras, o discernimento crítico e a luta contra as idolatrias interiores, tão valorizados pelos jesuítas históricos, podem contribuir ainda hoje para enfrentar a idolatria digital? É exatamente com essa pergunta aberta que podemos dialogar mais diretamente com o presente.

Diálogos entre passado e presente

Embora vivamos em um contexto cultural e tecnológico bastante diferente, os esforços dos jesuítas em alinhar a interioridade do indivíduo à verdade e ao bem comum podem ser revisitados como um contraponto crítico ao individualismo radical contemporâneo. A ideia de "descobrir-se livre" implica reconhecer condicionamentos internos e externos, desvelando manipulações sutis que nos afastam da autenticidade. Não se trata, porém, de tão somente buscar fora e dentro de si, mantendo-nos circunscritos ao contexto no qual estamos imersos.

A compreensão profunda do presente sempre exigirá um olhar atento ao passado, não somente porque a história é, como dizia Cícero, a mestra da vida[41], mas sobretudo porque nela encontramos refletidas as condições fundamentais da existência humana, condições estas que atravessam as fronteiras temporais e culturais. Minkowski (1995) ressalta que o tempo não é apenas uma dimensão cronológica ou linear, mas uma experiência vivida profunda e singularmente, e que permite ao homem projetar seu passado e futuro a partir de um presente vivencial. Nessa perspectiva fenomenológica, passado e presente não são compartimentos separados, mas instâncias vivenciais continuamente em diálogo, articulando sentido e identidade na experiência do tempo vivido.

---

41 Cicéron (1966) diz que "*Historia vero testis temporum, lux veritatis, vita memoriae, magistra vitae, nuntia vetustatis, qua voce alia nisi oratoris immortalitati commendatur?*" (*DO*, II, 36), ou seja, "Por que outra voz, senão a do orador, a história, a testemunha do tempo, a luz da verdade, a vida da memória, a mestra da vida, o arauto da antiguidade, está comprometida com a imortalidade?" (tradução nossa).

Vale dizer também que a experiência subjetiva da temporalidade e da realidade não é somente individual, mas fortemente moldada pelas estruturas culturais e sociais vigentes[42]. O homem contemporâneo vive em um mundo radicalmente diferente daquele do século XVI ou XVII; contudo, as questões fundamentais sobre liberdade, discernimento e autenticidade permanecem relevantes justamente porque tocam a dimensão antropológica mais profunda, que transcende as circunstâncias históricas imediatas.

É justamente para evitar qualquer anacronismo nisto que venho lhe trazendo, leitor, que a já mencionada noção de "regimes de historicidade"[43] revela-se de enorme relevância aqui: sabendo que cada época constrói sua própria relação com o tempo histórico, privilegiando determinados pontos na escala da temporalidade em detrimento de outros, lembramo-nos de que a nossa cultura digital privilegia um presente imediato, hiperacelerado, desconectado da profundidade histórica, e de que o regime de historicidade da época inaciana – permeado por referências transcendentes e escatológicas – olhava para o seu presente orientando-se por valores eternos, nos quais o passado permanecia vivo e significativo como modelo e como referência normativa.

Dessa forma – não custa lembrar –, ao estabelecer um diálogo entre passado e presente, este ensaio não pretende submeter o passado ao tribunal dos critérios e das expectativas do nosso regime atual de historicidade; pelo contrário, ele busca aprender com a experiência histórica passada, reconhecendo sua especificidade sem reduzi-la às exigências e categorias do presente imediato. O convite é a revisitar questões fundamentais com uma perspectiva mais ampla e crítica,

42 Cf. Van den Berg, 1999.
43 Cf. Hartog, 2003.

desafiando nossa tendência contemporânea à superficialidade e à imediaticidade, próprias dessa época digital.

Fique claro, leitor, que o diálogo entre passado e presente não é um exercício meramente acadêmico ou abstrato. Ao contrário, trata-se de um movimento existencial profundamente necessário, uma tentativa de reconhecer as continuidades antropológicas e os pontos de ruptura entre épocas, evitando tanto a alienação histórica quanto o anacronismo conceitual. Esse exercício possibilita a recuperação crítica de uma noção de liberdade e discernimento mais profunda e menos refém das idolatrias digitais, ajudando-nos a repensar a experiência humana de maneira autêntica e integrada.

Resta-nos, então, assumir um ponto de conexão que permita esse diálogo entre o presente no qual estamos e o passado tão vivo e protagonista como aquele que já vimos conhecendo desde o início deste capítulo. Qual seja: liberdade e discernimento.

Na perspectiva inaciana, a liberdade não se configura simplesmente como uma ausência de restrições externas, mas como uma realização profunda da humanidade individual através da obediência voluntária à vontade divina. Trata-se de um movimento interior pelo qual a pessoa humana reconhece e se orienta pelo seu fim último, alcançando, assim, uma plenitude existencial e espiritual[44]. É a essa dinâmica que Santo Inácio se refere ao expressar em seu *Diário de moções espirituais* a satisfação de "deixar-se governar pela divina Majestade"[45], numa experiência que, longe de anular a liberdade humana, a fortalece e realiza plenamente.

O discernimento espiritual inaciano é central na constituição dessa liberdade autêntica. Nas cartas que analisei detalhadamente em minha tese[46], destaca-se o processo rigoroso de "discernimento dos

44 Cf. Pacheco, 2004.
45 Loyola, 1991, p. 344, tradução nossa.
46 Cf. Pacheco, 2004.

espíritos", no qual o sujeito realiza uma investigação atenta e profunda das origens de seus desejos e impulsos interiores. Esse exame crítico permite a cada pessoa – no caso específico do que foi analisado, o jovem jesuíta com o coração cheio do anseio autêntico de dar a vida pela "maior glória de Deus" – distinguir entre paixões desordenadas e inclinações verdadeiramente alinhadas à sua vocação mais profunda, que é "louvar, reverenciar e servir a Deus Nosso Senhor, e assim salvar a sua alma"[47].

Tal discernimento implica um conhecimento autêntico de si mesmo e de suas motivações internas. É um exercício de lucidez espiritual que requer coragem para enfrentar a realidade interior sem ilusões ou autoengano. É precisamente esse trabalho constante e profundo que proporciona ao indivíduo a capacidade de resistência frente às manipulações e falsas liberdades, num exercício contínuo de "desengano"[48] ou de "desconcerto do mundo". Daí a relevância perene da prática inaciana: ela pode oferecer – como o fizera no passado, diante de outros desafios – um método eficaz para identificar e rejeitar as formas sutis de idolatria contemporânea, promovendo uma liberdade que não se limita ao mero ato de escolher entre alternativas predeterminadas, mas se realiza plenamente no reconhecimento e na adesão ao que é autenticamente bom e verdadeiro.

> Trata-se, portanto, de um verdadeiro conhecimento da realidade, onde o indivíduo é chamado a aprender o sentido das coisas, pessoas e fatos presentes, ainda que velado pelas apa-

---

47 Loyola, 1991, p. 62, tradução nossa.

48 Massimi (2001) afirma que o desengano "não corresponde apenas a um sentimento psicológico da vida, mas sugere uma modalidade de uso das coisas e dos relacionamentos na consciência de sua paradoxal dimensão passageira e definitiva. Em suma, o significado temporal de cada coisa e pessoa só pode ser adequadamente afirmado na consideração de seu sentido último" (p. 23).

> rências, imagens, "figuras" do mundo. Se o temporal é enganador, a atitude razoável, a atitude adequada à *ordo* na qual *ratio* e *natura* se realizam perfeitamente, é aquela da subordinação à Verdade Eterna, ou de uma escolha conformada à Providência Divina: obediência, portanto[49] [e, se se trata de obediência, saiba-se que isto não é em nada contraditório à ideia de liberdade].

Dessa forma, as práticas espirituais dos jesuítas nos séculos XVI e XVII, se já ofereciam um remédio eficaz contra a *vanitas*[50], continuam a oferecer instrumentos preciosos para o enfrentamento dos desafios contemporâneos, ajudando-nos a compreender que a verdadeira liberdade não reside na multiplicidade de escolhas, mas na capacidade de escolher e aderir conscientemente àquilo que realmente corresponde à realização plena da nossa humanidade. Uma figura exemplar nesse cenário é o Padre António Vieira (1608-1697). Jesuíta português radicado no Brasil colonial, Vieira pode ser visto como um elo significativo entre a espiritualidade inaciana originária, com sua ênfase no discernimento interior e na liberdade autêntica, e as questões fundamentais que continuam a desafiar o sujeito contemporâneo.

Padre Vieira foi formado na tradição da Companhia de Jesus, cuja espiritualidade, como vimos, exigia rigor no exame da própria consciência e vigilância constante sobre as paixões desordenadas que ameaçam a liberdade interior. Seu pensamento e atuação refletem claramente a continuidade histórica da reflexão jesuítica sobre a liberdade, mas igualmente evidenciam a especificidade do contexto colonial brasileiro, marcado por profundas contradições sociais, econômicas e espirituais.

---

49 Pacheco, 2004, p. 129-130.
50 Ecles 1, 2.

Em seus sermões, o Padre António Vieira fez uma releitura viva da tradição inaciana, aplicando-a criticamente ao contexto histórico e social de seu tempo, denunciando idolatrias e falsas liberdades. Particularmente no célebre *Sermão da Terceira Dominga da Quaresma* (1655)[51], o pregador jesuíta expressa com clareza a necessária luta interna pela verdadeira liberdade, identificando as paixões como ídolos internos e ocultos que aprisionam o indivíduo em uma servidão existencial. Vieira (2015) afirma enfaticamente que a autêntica liberdade depende da vitória interior sobre as próprias paixões, defendendo uma concepção de liberdade radicalmente distinta daquela que reduz o indivíduo à satisfação imediata dos seus desejos ou ao simples afastamento de constrangimentos externos.

Pregado em Lisboa, na Capela Real, provavelmente no dia 28 de fevereiro de 1655, esse sermão, dedicado ao Príncipe D. Pedro, irmão do Rei D. Afonso VI, ambos da Casa dos Bragança, utilizou a passagem do Evangelho segundo Lucas, em que Cristo expulsa um demônio mudo, sendo acusado por seus adversários de realizar o feito em nome de Belzebu[52]. As ideias centrais abordadas por Vieira são, em primeiro lugar, o tema da consciência como "tribunal interior", enfatizando a dimensão íntima e pessoal do julgamento moral, em contraposição às aparências exteriores; mas também se ocupa da necessidade de libertar-se dos "demônios internos", metáfora que Vieira (2015) utiliza para simbolizar as paixões desordenadas, o pecado, e a escravidão interior; e, finalmente, não por isso menos grave, a importância do exame de consciência contínuo e da busca por autenticidade espiritual.

51 Cf. Vieira, 2015.
52 Lc 11, 14-28.

Acompanhemos o Imperador da Língua Portuguesa[53] ao longo desse sermão e deixemos que essa voz de quase 400 anos nos provoque, hoje. Logo no exórdio de seu sermão, Vieira (2015), lançando mão da imagem da mudez, chama a atenção do seu ouvinte/leitor:

> [...] pecar é enfermar mortalmente; pecar, e emudecer, é cair na enfermidade, e renunciar o remédio. Pecar é fazer naufrágio o navegante; pecar, e emudecer, é ir-se com o peso ao fundo, e não lançar mão da tábua, em que se pode salvar. Pecar é apagarem-se as lâmpadas das Virgens Néscias; pecar, e emudecer, é apagar-se-lhes as lâmpadas, e fechar-se-lhes a porta. O pecado tem muitas portas para entrar, e uma só para sair, que é a Confissão[54].

É contra essa mudez que o sacerdote jesuíta vai dedicar todo o restante da sua introdução, contrapondo a ela o lugar do sacramento da Confissão, oposto exato da primeira. Em seguida, Vieira (2015) vai se dedicar a analisar o homem possesso e mudo – mencionado no Evangelho de São Lucas sobre o qual se debruçou o pregador –, relacionando-o a todos que, por culpa própria ou por influência demoníaca, perdem a voz da consciência. Ele destaca que a mudez afeta tanto a confissão dos pecados quanto a proclamação da fé. E, no mais castiço estilo retórico do Barroco, Padre António Vieira vai mostrando,

53 Foi assim que o poeta Fernando Pessoa (1888-1935) se referiu ao Padre António Vieira, no livro *Mensagem*. O poema António Vieira, pertencente à terceira parte da obra, diz assim: "O céu 'strela o azul e tem grandeza. / Este, que teve a fama e à glória tem, / Imperador da língua portuguesa, / Foi-nos um céu também. // No imenso espaço seu de meditar, / Constelado de forma e de visão, / Surge, prenúncio claro do luar, / El-Rei D. Sebastião. // Mas não, não é luar: é luz do etéreo. / É um dia, e, no céu amplo de desejo, / A madrugada irreal do Quinto Império / Doira as margens do Tejo" (Pessoa, 1998, p. 84).

54 Vieira, 2015, p. 173.

ao longo da História da Salvação, os muitos exemplos bíblicos de mudos que perdem a voz da consciência.

Na sequência, a partir da terceira parte do sermão, o pregador assume como guia para a sua prédica uma estrutura de exame de consciência:

> Os Teólogos morais reduzem ordinariamente este modo de exame a sete títulos. *Quis, Quid, Ubi, Quibus auxilis, Cur, Quomodo, Quando?* [Quem, o quê, onde, com que meios, por quê, de que modo, quando?] A mesma ordem seguiremos: eu para maior clareza do discurso; vós para maior firmeza da memória. Deus nos ajude[55].

Sim, o primeiro passo nesse exame é exatamente buscar uma resposta a esse "*Quis?*", com o qual começa o sermão propriamente dito: "Quem sou eu?". E, nesse ponto, o sacerdote provoca o ouvinte/leitor a olhar para a maneira como assume as próprias obrigações, os próprios ofícios... como quem diz "sim" à vocação, ciente das misérias e insuficiências:

> "Mandai a quem Vos possa servir, como convém". Oh Ministro verdadeiramente de Deus! [referindo-se a Moisés, em Ex 3 e Ex 4] Antes de aceitar o cargo, representou a insuficiência: e para que se visse que esta representação era consciência, e não cortesia, repugnou uma, e outra vez, e não aceitou, senão depois que Deus lhe deu Aarão por adjunto[56].

55 Idem, p. 179-180.
56 Idem, p. 182.

Em seguida, o sacerdote passa em revista cada uma das demais perguntas que levantou, no início. Até que, já na sétima parte de seu sermão, levanta a pergunta sobre o "porquê" do erro cometido: "ninguém vai ao inferno sem seu 'porquê'"[57].

> Que porquês são logo estes, que tanto podem, que tanto cegam, que tanto arrastam, que tanto precipitam aos maiores homens do mundo? Já vejo que a primeira coisa, que ocorre a todos, é o dinheiro. Cur? Por quê? Por dinheiro, que tudo pode; por dinheiro que tudo vence; por dinheiro, que tudo acaba. Não nego ao dinheiro os seus poderes, nem quero tirar ao dinheiro os seus escrúpulos: mas o meu não é tão vulgar, nem tão grosseiro, como este[58].

Não pense o leitor que o pregador jesuíta fez do dinheiro o exclusivo Judas a ser malhado: fazendo menção à "maior sem-justiça que se cometeu no mundo" – a condenação de Cristo –, lembra seus ouvintes de que o pior de todos os porquês é o "respeito", tendo em vista que "as tentações do respeito são mais, e maiores do que as do dinheiro" e também "porque o que se fez por respeito tem muito mais dificultosa restituição, que o que se fez por dinheiro"[59]. Os porquês abrem o espaço para os "por que modos", o "labirinto mais intrincado das consciências"[60]:

> [...] os modos, as traças, as artes, as invenções de negociar, de entremeter, de insinuar, de persuadir, de negar, de anular, de aprovar, de desviar, de encontrar, de preferir, de prevalecer;

57 Idem, p. 194.
58 Idem, ibid.
59 Idem, ibid.
60 Idem, p. 196.

> finalmente de conseguir para si, ou alcançar para outrem tudo quanto deixamos dito; [...] do artifício, e subtileza do engenho, ou do engano, com que estes modos se fiam, com que estes teares se armam, com que estes enredos se tramam, com que estas negociações se tecem[61].

Se esse breve excurso sobre o sermão do Padre António Vieira já trouxe suficiente argumento para pensarmos as relações entre passado e presente e sobre como aquele ilumina este, sobretudo no que concerne ao tema da liberdade, veja-se o que o nosso pregador diz ao final de sua prédica:

> De todo este discurso se colhe com evidência que há muitos escrúpulos do mundo, de que se faz pouco escrúpulo: que há Confissões, em que fala o Mudo, e não sai o Demónio; e que suposta a obrigação de se confessarem os pecados, se devem também confessar estas Confissões. Grande mal é não sarar com os remédios: mas *adoecer dos remédios ainda é mal maior.* E quando se adoece dos remédios, que remédio? O remédio é curar-se um homem dos remédios, assim como se cura das enfermidades. *Este é o caso, em que estamos.* O remédio do pecado é a Confissão: mas *se as minhas Confissões, em lugar de me tirarem os pecados, por minha desgraça mos acrescentam mais, não há outro remédio, se não dobrar o remédio sobre si mesmo*, e confessar as Confissões, assim como se confessam os pecados[62].

Sim, estamos diante do que, hoje, conhecemos como iatrogenia: quando a terapia (do grego θεραπεία, ou seja, cura), ao invés de curar,

61 Idem, ibid.

62 Idem, p. 202-203, grifos nossos.

gera o adoecimento; quando o profissional de saúde mental acaba promovendo o sofrimento que diz enfrentar. E, quando isso acontece, a pessoa que sofre acaba tendo que "dobrar o remédio sobre si mesmo", buscando uma terapia na qual trate a terapia anterior. Mas, dessa vez, não basta que o profissional seja "douto e timorato", ou seja, não é suficiente que seja alguém intelectual, com inúmeros seguidores nas redes sociais e aparentemente consciencioso; será preciso que seja também uma pessoa "de valor", "que se lhe dê tanto da vossa consciência, como da sua própria"[63].

Neste ponto, torna-se evidente a profunda atualidade da reflexão histórica que estamos realizando: em tempos digitais, multiplicam-se os "curadores", "mentores" e "guias" que, de maneira não tão distinta da advertência vieiriana, prometem libertação enquanto perpetuam dependências. A autêntica liberdade – como já defendiam Santo Inácio e Vieira – exige mais do que boa vontade ou habilidade técnica: ela pressupõe um compromisso ético, profundo e transparente, no qual a responsabilidade do cuidado não se limite à exposição pública da competência, mas assuma integralmente a delicadeza do encontro com a consciência do outro. Somente um discernimento assim, profundo e corajoso, pode conduzir à liberdade verdadeira diante das sutilezas contemporâneas da idolatria digital.

Uma liberdade que transcende as amarras digitais

Ao longo deste ensaio, testemunhamos como questões fundamentais sobre liberdade e discernimento transcendem barreiras históricas, evidenciando sua relevância atemporal. Ao recuperarmos o legado dos jesuítas – de Santo Inácio de Loyola ao Padre António Vieira –, não apenas revisitamos uma época histórica distante, mas reencontramos

63 Idem, p. 204.

recursos conceituais valiosos para a compreensão crítica do presente. Num tempo dominado pela idolatria digital, marcada por uma obsessão performática e uma linguagem frequentemente manipuladora, esse diálogo histórico se revela não apenas enriquecedor, mas necessário.

De fato, seja na retórica incorporada à tradição inaciana da composição de cartas, seja na profunda introspecção proposta nos *Exercícios Espirituais*, seja ainda na incisiva crítica moral do Padre Vieira, percebemos um constante alerta sobre os perigos de se perder a liberdade na ilusão das aparências, na sedução das paixões desordenadas, ou nas influências ocultas que prometem felicidade, mas entregam apenas vazios existenciais. Essa consciência crítica, desenvolvida historicamente pelos jesuítas e agora revisitada por nós, revela que a verdadeira liberdade jamais foi mera ausência de restrições, mas a capacidade consciente de escolher o bem autêntico diante das ilusões que aprisionam a vontade.

É justamente aí que se destacam as contribuições mais contemporâneas sobre o tema da liberdade e da responsabilidade: um exemplo desse enfrentamento pode ser encontrado em Marías (1998), no qual o autor, alinhando-se perfeitamente à tradição inaciana, enfatiza que a liberdade é inseparável da responsabilidade ética, não se tratando apenas de um direito individual, mas de uma vocação intrínseca, inseparável do compromisso com a verdade. Da mesma forma, encontramos em Fabro (1983) a afirmação de que a liberdade, apesar de ser uma experiência fundamental, é ameaçada constantemente por determinismos históricos, culturais e tecnológicos que pretendem reduzir o homem a um mero objeto condicionado.

Essas duas perspectivas mencionadas, apesar de distantes histórica e culturalmente do contexto apresentado neste ensaio, servem para evidenciar o quanto o tema em questão é importante na filosofia contemporânea e especialmente relevante em nossa era digital, onde novas formas de determinismo surgem quase imperceptíveis, disfarçadas por trás da promessa de autonomia e da multiplicidade de escolhas. O usuário das redes sociais contemporâneas, sem perceber, vê-se aprisionado numa cadeia infinita de estímulos, algoritmos e expectativas sociais, confundindo frequentemente engajamento com liberdade.

É aqui que o discernimento espiritual inaciano, aliado à perspectiva crítica do Padre Vieira, e de pensadores como Julián Marías e Cornélio Fabro, oferece uma resposta clara e contundente: a verdadeira liberdade reside na capacidade de reconhecer as próprias inclinações interiores, identificar as influências ocultas e escolher conscientemente aderir àquilo que realiza plenamente nossa humanidade. Trata-se, portanto, de assumir a liberdade como tarefa existencial, como projeto aberto e consciente, que não se esgota no imediato ou superficial, mas que se realiza no compromisso ético e autêntico com a verdade sobre si mesmo e sobre o mundo.

Em suma, a liberdade que realmente importa – seja no século XVI, seja hoje, no coração da era digital – não é aquela que se manifesta apenas na escolha entre infinitas opções, mas aquela que nasce da lucidez espiritual e moral, da coragem de enfrentar as próprias paixões e limitações, e da responsabilidade assumida diante de si e do outro. É essa liberdade autêntica, forjada pelo discernimento crítico, histórico e existencial, que pode efetivamente transcender as amarras digitais, oferecendo um horizonte real de resistência à idolatria contemporânea.

7

Para além da idolatria digital: caminhos de resistência

> A verdadeira educação deve ser uma educação para a crítica. [...] A crítica consiste em dar-se a razão das coisas, então, não possui um sentido necessariamente negativo.
>
> Luigi Giussani

Nos capítulos precedentes, exploramos a estrutura profunda dessa enfermidade silenciosa e difusa – a idolatria digital –, desde suas raízes psicológicas e culturais até suas manifestações práticas nas redes sociais contemporâneas. Trata-se de um fenômeno que não se impõe com violência, mas se infiltra por meio de práticas normalizadas – desde o uso ostensivo das redes sociais até o consumo ininterrupto de discursos modeladores de desejo, identidade e percepção da realidade. Vimos como o discurso performativo, a manipulação da linguagem e o apelo constante à afetividade desregrada criam as condições para um tipo de servidão voluntária, em que o sujeito não apenas aceita ser guiado, mas deseja sê-lo.

Discutimos, até aqui, como se abusa da linguagem para o poder (Pieper, 1992; Quintás, 2015), como o desejo é transformado em refém de modelos irreais (Campbell, 1987; Ehrenberg, 1998) e como algoritmos direcionam nosso comportamento para favorecer o consumo e a *performance* contínua (Zuboff, 2019; Han, 2017). Ao mesmo tempo, percebemos que a idolatria digital não é apenas um fenômeno moderno e tecnológico, mas encontra eco em antigas formas de manipulação espiritual e social, tais como descritas por Łobaczewski (2014), Girard (1978), e de algum modo denunciadas já pelos jesuítas dos séculos XVI e XVII (Loyola, 1997; Vieira, 2015), que evidenciaram, como poucos e com realismo, no seio da Modernidade, os perigos de todo desvio causado pela desordem nos afetos.

Ao resgatar elementos da tradição inaciana, da crítica cultural e da fenomenologia da liberdade, propusemos um percurso de desvelamento: mostrar as profundezas abscônditas do cativeiro para, então, vislumbrar a possibilidade da liberdade. Este último ensaio, portanto, não pretende ser meramente um fechamento crítico, mas um convite propositivo a traçar caminhos claros de resistência[1] frente à idolatria digital. Tem, portanto, a função de abrir caminhos. Ao mesmo tempo, propomos recuperar a noção fundamental de que a educação é uma dimensão essencial para resistir aos determinismos – quaisquer dos tantos que, hoje, são encontrados no Hipermercado das Ilusões de Segurança da Modernidade, especialmente o que é bastante comercializado pelas plataformas sociais – e restabelecer uma liberdade

1 Muitas vezes, ao tratar de palavras como "resistência", somos remetidos a termos como reivindicação, revolução, rebelião, reacionário, bem ao modo do que acusa Finkielkraut (1997), ao lembrar que o Marxismo acabou por fazer crer que "tudo o que é historicamente fabricado deve ser politicamente ultrapassado ou destruído para abrir o caminho ao advento da igualdade entre os homens" (p. 47). Dessa forma, acabamos por ouvir/ler mal o que quer que se siga ao vocábulo em pauta. No entanto, se vamos à origem etimológica do termo (cf. Giussani, 2009), descobrimos que *resistentia* é o resultado da junção do prefixo *re-* ao verbo *sistere*, significando algo como voltar a permanecer estável. Resistência, portanto, não é necessariamente um movimento de revolta no sentido vulgar tão comum entre nós, mas é um movimento de conversão do ser ao que, em si, há de permanente... por isso, sim, de oposição a tudo o que impede que esse elemento venha à tona.

genuína. É, portanto, o capítulo mais propositivo deste livro – aquele que busca reunir os fios esparsos em uma proposta que seja, ao mesmo tempo, realista e esperançosa. E, para isso, contaremos com o pensamento pedagógico existencial do sacerdote, educador e intelectual italiano Luigi Giussani (1922-2005), notadamente o que se encontra em sua obra *Educar é um risco* (2004).

Para dar início a esta trajetória, precisamos nos perguntar: como resistir à idolatria digital sem cair em moralismos, tecnofobias ou propostas inócuas? Como formar sujeitos capazes de enfrentar a sociedade do espetáculo com lucidez e firmeza interior? Como educar para a liberdade em uma cultura que confunde espontaneidade com autenticidade, expressão com verdade, visibilidade com valor?

A resposta – ou as tentativas de resposta que esboçaremos – passa, inevitavelmente, por uma retomada profunda da noção de *educação*. Não qualquer educação, mas uma que, segundo Giussani (2004), seja "uma educação para a crítica"[2]: crítica como capacidade de dar-se a razão das coisas, de interrogar a experiência, de não se deixar enganar pelas aparências. A idolatria digital se alimenta da passividade e da fragmentação; a resistência começa no ato de reunir, compreender e julgar. Educar, nesse contexto, torna-se tarefa antropológica e espiritual: formar pessoas capazes de não sucumbir à lógica do algoritmo.

A crítica como forma de amor à verdade

No coração dessa resistência à idolatria digital está, segundo penso, a educação, entendida não como mera transmissão técnica de saberes, mas como despertar da consciência e abertura à realidade. Com efeito, se voltarmos à própria definição da palavra "educação", chegaremos, facilmente, à conclusão de que o que está em jogo nessa árdua tarefa

2 Giussani, 2004, p. 14.

tem que ver diretamente com uma atividade intensíssima, na qual ao educador cumpre o papel de apontar a direção do real para o educando: afinal, educar é *ex-ducere*, guiar para fora; porque aquilo que é próprio da pessoa humana, aquilo que corresponde ao humano em nós é, antes de mais, uma abertura a tudo o que é outro de nós.

> A primeira preocupação de uma educação verdadeira e adequada é *educar o coração do homem da forma como Deus o criou.* A moral nada mais é que continuar a atitude na qual Deus cria o homem, perante todas as coisas e na relação com elas, originariamente[3].

O que mais corresponde ao coração da pessoa é essa disponibilidade para o encontro. É interessante notar que, um ano após o sacerdote italiano ter escrito a introdução da obra mencionada, o filósofo francês Alain Finkielkraut publicava *L'humanité perdue*, um ensaio no qual, ao tratar da ética lévinasiana, escreveu:

> A ética, segundo Lévinas, não é nem um soberano bem nem um dado imediato da consciência, nem a lei imposta por Deus aos homens, nem a manifestação em cada homem da sua autonomia: *a ética é antes de mais nada um acontecimento.* É preciso que alguma coisa aconteça ao eu para que este deixe de ser um "força e vai" e desperte para o escrúpulo. Esta virada de cena é *o encontro do outro homem ou, mais precisamente, a revelação do rosto.* Encontro, e não conhecimento; revelação, e não desvendamento[4].

3 Idem, p. 13, grifo do autor.
4 Finkielkraut, 1997, p. 42, grifos nossos.

A formação integral, segundo Giussani (2004), deve permitir que o sujeito encontre e se relacione com a totalidade do real, buscando razões para aquilo que vê, sente, deseja e escolhe; que o sujeito, além disso, descubra o rosto da pessoa – o próprio e o do seu interlocutor. Educar é, pois, propor um caminho, um método, e não apenas oferecer conteúdos. Ao retomarmos a educação como instrumento de liberdade – e não de domesticação –, deslocamos o foco da *performance* para a formação do juízo.

Mas, e onde entra a ideia de crítica neste contexto? Em muitos âmbitos contemporâneos, criticar é visto como gesto destrutivo. Contudo, a verdadeira crítica, necessariamente, é aquela que nasce do amor à verdade. A crítica – neste registro – é o exercício da liberdade interior diante das pressões do exterior.

No caso da nossa preocupação, nesta obra, leitor, vale lembrar que a idolatria digital faz o exato oposto do que dissemos até agora, neste ensaio: ela nos acostuma à aceitação acrítica do que é apresentado, com *slogans* emocionais, afirmações baseadas em suposta autoridade e imagens cuidadosamente editadas para moldar nossa sensibilidade. Romper esse ciclo exige uma reeducação do olhar, da escuta e da linguagem. A crítica se torna, assim, um modo de permanecer íntegro diante da sedução da fragmentação.

Veja que, dito assim, a crítica também supõe algo daquilo que tratamos ao apresentar o método inaciano[5], ou seja, aprender a retomar a importância do discernimento como método de aproximação da realidade. Discernir não é apenas escolher, mas distinguir. E distinguir é aprender a ver: e, de fato, a crítica verdadeira começa com o ver bem

---

5 Poucos talvez o saibam, mas o conhecido texto composto por Santo Inácio de Loyola chamado vulgarmente de *Exercícios Espirituais* na verdade se chama: "Exercícios Espirituais para o homem se vencer a si mesmo e ordenar a própria vida, sem se determinar por nenhuma afeição desordenada" (Loyola, 1997, p. 27). Trata-se, pois, de um recurso com a clara intenção de cooperar com o discernimento.

– e ver bem supõe a purificação do olhar. A educação para a crítica, nesse sentido, é um modo de formar pessoas capazes de amar a realidade tal como ela é – não como gostaríamos que fosse ou como o *marketing* nos induz a vê-la. Amar a verdade é resistir à idolatria.

A palavra "crítica" vem do grego κρίνειν (*krínein*), que significa "discernir", "separar", "julgar". Em sua origem, portanto, criticar não é destruir, mas distinguir com justiça – separar o verdadeiro do falso, o essencial do acessório, o bem do mal. A crítica é, nesse sentido, um exercício de discernimento da realidade. Não por acaso, κρίσις (*krísis*) era também o termo usado na medicina hipocrática para o momento decisivo de uma doença, aquele em que o corpo opta entre a recuperação e o agravamento. Criticar, portanto, é optar pela vida, é escolher entre o adoecimento e a saúde – inclusive no plano moral, afetivo e cultural.

A educação para a crítica, nesse sentido profundo, não é uma atitude niilista ou rebelde por princípio, mas uma disposição corajosa de permanecer lúcido diante da realidade. Implica formar sujeitos que não sejam apenas consumidores de conteúdos, mas buscadores do sentido. Sujeitos que, diante da multiplicidade de discursos que competem por sua atenção, não apenas escolham, mas saibam por que escolhem, o que os move, a quem seguem e por qual razão.

Giussani (2004) compreendia que a verdadeira educação é sempre uma educação da liberdade. Mas uma liberdade que se constrói na relação com a realidade e com os outros, não no isolamento narcísico. Por isso, educar para a crítica é, também, educar para o vínculo – um vínculo livre, lúcido, não manipulável, mas profundamente comprometido com a verdade daquilo que é. Ao recuperar essa dimensão crítica da educação, com efeito, não nos afastamos da espiritualidade, ao contrário: nos aproximamos dela. Porque o espírito não se move por automatismos, mas por liberdade. E é precisamente essa liberdade – ferida, distraída, adormecida pelas imagens da idolatria digital – que precisa ser despertada. A crítica, assim compreendida, é uma forma de amor à verdade. E toda resistência verdadeira começa por um amor que sabe distinguir.

Se a crítica é, antes de tudo, uma expressão lúcida do amor à verdade, é preciso reconhecer que essa lucidez só pode emergir de um ponto de unidade interior. Não basta ensinar a discernir externamente: é necessário que o sujeito esteja reunido em si mesmo para que possa ver, julgar e escolher com liberdade. A idolatria digital atua, sobretudo, fragmentando esse ponto interior. Por isso, se o primeiro passo da resistência passa pela crítica, o segundo exige uma recuperação ativa da interioridade, ou seja, do centro existencial a partir do qual o sujeito pode reencontrar sua própria verdade e, a partir dela, resistir.

Educação da interioridade: contra a dispersão do eu

Um dos conceitos centrais no pensamento de Luigi Giussani é o de "experiência elementar". Segundo ele, a experiência refere-se àquela estrutura original de exigências e evidências com que todo ser humano vem ao mundo, e que lhe permite viver "aquele compromisso radical do eu com a vida"[6], expresso em perguntas tais como: qual é o significado último do existir? Por que existe a dor? Por que sou ao invés de não ser? Resistir à manipulação das redes sociais implica recuperar esse comprometimento com todo o viver:

> A vida – diz Giussani (2009) – é uma trama de acontecimentos e de encontros que provocam a consciência, produzindo nela problemas em variada medida. O problema nada mais é que a expressão dinâmica de uma reação diante dos encontros[7].

6 Giussani, 2009, p. 73.
7 Idem, p. 62.

A idolatria digital tende a substituir a realidade – e o que nela há de acontecimentos e encontros – pelo espetáculo, tende a substituir o juízo pela reação. A educação para a crítica, em última instância, começa quando o sujeito consegue colocar em movimento o mecanismo da sua experiência elementar, a pergunta original sobre si mesmo e sobre o mundo[8].

A idolatria digital, ao fragmentar a atenção e expor o sujeito a um fluxo constante de estímulos, também gera um esvaziamento da interioridade: um processo que não apenas dispersa, mas desestrutura a experiência de si. O "eu" torna-se um reflexo das expectativas alheias, das comparações infindáveis, da *performance* cotidiana para uma plateia invisível e impiedosa. Resistir, nesse caso, implica cultivar o silêncio, a solidão fecunda, o recolhimento interior. Não se trata de isolamento, mas de reencontro com o centro[9].

Podemos ser ainda mais radicais na leitura dessas consequências da idolatria digital: se a abordarmos sob a ótica do amordaçamento da experiência elementar, o que teremos, no fim, é "o homem [que] perde o controle de si, da integridade dos seus fatores" constitutivos, ficando à mercê do poder[10]. Giussani (2009) enumera três graves resultados dessa lógica de terceirização do pensamento e da capacidade de emitir juízo sobre a realidade: trata-se da ruptura com o passado, da incomunicabilidade e da perda da liberdade[11].

As três consequências, se bem analisadas, resumem-se num mesmo fenômeno: dispersão do eu, ou seja, desintegração, ou mesmo

---

8 Cf. idem, p. 155-167.

9 A pedagogia inaciana – como vimos – oferece instrumentos concretos para essa educação da interioridade: o exame de consciência, a meditação, o exercício de escuta profunda daquilo que se move no íntimo etc. Tais práticas, mais do que devocionais, são antropologicamente fundamentais: recolocam o sujeito diante de si mesmo, fora da lógica da exibição e da reatividade.

10 Cf. Frankl (2019b), quando trata do tema do conformismo e do totalitarismo.

11 Cf. Giussani, 2009, p. 125-143.

alienação do eu. E será exatamente dessa deficiência na capacidade de autoconsciência que surgirá

> [...] o senso trágico de solidão que o homem moderno e contemporâneo experimenta diante do destino sem significado. Mas a incomunicabilidade, além de exasperar essa solidão pessoal, dá-lhe relevo externo pelo qual ela se torna clima social exasperante, rosto tristemente característico da sociedade de hoje[12].

Se, como dissemos, a saída para essa situação passa pela assunção de uma postura crítica e pelo cultivo da vida interior, resta entender o que é uma e outra dessas posições que se podem assumir. Numa de suas obras, Giussani (2004) afirma que "educar é introduzir à realidade total"[13]. Ora, essa realidade total inclui a própria subjetividade como lugar de sentido[14], de forma que podemos dizer que a interioridade não é um luxo; é um chão. E educar a interioridade é ajudar o outro, especialmente os jovens, a não temer o contato consigo mesmo, a não fugir da pergunta radical: "Quem sou eu, diante da vida, diante do outro, diante do Mistério?"[15].

Essa educação do íntimo exige, contudo, uma mediação encarnada: ninguém se forma sozinho. É por isso que a recriação de vínculos autênticos – como veremos a seguir – se torna tão decisiva quanto a própria formação individual.

---

12 Idem, p. 132.

13 Giussani, 2004, p. 47.

14 Giussani (2004) afirma: "É interessante observar o duplo valor daquele 'total': educação significará, com efeito, o desenvolvimento de todas as estruturas de um indivíduo até a sua realização integral, e, ao mesmo tempo, a afirmação de todas as possibilidades de conexão ativa daquelas estruturas com toda a realidade" (p. 48).

15 Idem, p. 54.

A educação da interioridade não é um tema colateral, mas um eixo fundamental de todo processo de formação. O que está em jogo é a possibilidade de o sujeito tornar-se um centro unificado de percepção, juízo e decisão. Numa cultura marcada pela exteriorização constante e pela lógica do espetáculo, o eu tende a se constituir como pura reação[16]: "existo na medida em que reajo, me posiciono, comento, apareço", se tornou a chave de leitura de si mesmo. Todavia, como afirmou Weil (1999), "a atenção, absolutamente pura, é oração"[17]: a interioridade verdadeira começa com o cultivo dessa atenção – e isso exige silêncio, tempo e paciência.

É aqui que a pedagogia inaciana encontra, mais uma vez, seu lugar. O método dos *Exercícios Espirituais*, por exemplo, é construído sobre a dinâmica do recolhimento interior e da escuta de si diante de Deus. Trata-se de um caminho que recusa o ruído e a dispersão, propondo ao sujeito que se coloque, dia após dia, diante de suas moções interiores: o que me move? O que me confunde? O que me consola ou desola? O que me aproxima ou me afasta da verdade do meu ser? Esse tipo de escuta – tão distinta da "dinâmica" passiva dos conteúdos digitais – é condição indispensável para a liberdade.

Giussani (2004), ao afirmar que "educar é introduzir à realidade total", não propõe um itinerário apenas cognitivo, mas existencial. E essa totalidade da realidade inclui o mistério da interioridade humana, isto é, o fato de que cada sujeito é chamado a responder, com sua própria liberdade, àquilo que lhe é dado. Toda a milenar história da pedagogia cristã, neste ponto, reconhece, desde há muito, que a interioridade é o lugar onde o sentido é acolhido – e, por isso mesmo, educar é sempre uma forma de conduzir ao núcleo mais íntimo da

16 Entenda-se, nesse caso, "reação" como todo automatismo psíquico – que pode se manifestar sob a forma de um comportamento, inclusive – contrário à liberdade pessoal.
17 Weil, 1999, p. 117, tradução nossa.

pessoa, onde ela pode escutar a si mesma e, se estiver disposta, escutar a Deus.

Num tempo em que tudo nos convida à exposição – inclusive das emoções e da intimidade –, cultivar a interioridade é um ato de resistência espiritual. Significa redescobrir a fecundidade do escondido, o valor do que não precisa ser dito, curtido ou compartilhado. Nesse sentido, a interioridade não é fuga do mundo, mas forma de presença mais densa e verdadeira no mundo. Apenas aquele que vive reconciliado consigo mesmo pode oferecer uma presença não invasiva e não demandante ao outro. A idolatria digital destrói essa possibilidade, pois transforma cada relação em transação e cada identidade em vitrine.

Recuperar a interioridade exige, portanto, educadores que vivam a partir desse centro. Não basta transmitir técnicas de meditação, atenção plena ou criar espaços de silêncio guiado por protocolos de manual, se quem educa está ele mesmo absorvido pela lógica da dispersão. A autoridade do educador nasce da coerência entre sua palavra e seu modo de estar no mundo. O testemunho, mais do que o discurso, é o que forma. Por isso, uma verdadeira educação da interioridade começa com o testemunho da interioridade vivida: um professor que sabe parar; um terapeuta que escuta sem pressa; um pai que silencia sem medo diante da dor do filho. Esses gestos – discretos, mas potentes – educam mais do que qualquer aula.

Nesse itinerário, os jovens – mas não só eles – precisam ser ajudados a redescobrir o valor da intimidade, da concentração, da escuta e da contemplação. Isso pode se dar em práticas simples – certamente conhecidas por você: a leitura de um texto com pausa; o silêncio no início de um encontro; o diário pessoal como exercício de autocompreensão; a oração como escuta confiante. Alcançar a interioridade não é resultado de um talento inato, mas sim de uma disposição que se cultiva. E, como tudo que se cultiva, exige método, atenção e constância.

Por fim, é importante lembrar que a interioridade não é um fim em si mesma. Quando bem formada, ela se abre ao outro – não ao outro como "conteúdo", mas como mistério. Quem vive apenas na exterioridade tende a reduzir o outro ao que aparece. Quem se educa na interioridade, ao contrário, reconhece o mistério do outro como reflexo do próprio. E isso muda tudo: muda o modo de escutar, de aconselhar, de educar, de amar.

No entanto, a formação interior não encontra sua plenitude senão quando se desdobra em comunhão. A interioridade, quando verdadeiramente educada, não conduz ao isolamento, mas à relação. Como lembra Giussani (2004), "a experiência de pertencimento é constitutiva do eu"[18] – o que significa que ninguém amadurece sozinho. O cultivo da atenção e da escuta prepara o sujeito para o encontro real com os outros. Por isso, resistir à idolatria digital exige também recriar lugares de convivência significativa: comunidades onde se possa experimentar a verdade de si mesmo na presença de um outro que não seja algoritmo nem espelho.

Recriar comunidades de sentido

A interioridade, para não se fechar sobre si mesma, precisa se abrir ao encontro. E é justamente nesse ponto que a questão comunitária se torna urgente: a dissolução das comunidades reais é um dos efeitos colaterais mais graves do hiperindividualismo digital. Embora as redes sociais simulem pertencimento, elas frequentemente substituem o vínculo pelo engajamento, a amizade pelo seguidor, o encontro pelo algoritmo. As relações tornam-se funcionais e performáticas, orientadas pela lógica da utilidade, da visibilidade e da aprovação instan-

18 Giussani, 2004, p. 36.

tânea. Com isso, a experiência de comunhão, que exige tempo, escuta e perdão, torna-se cada vez mais rara e difícil.

Em contrapartida, experiências comunitárias autênticas são hoje verdadeiros laboratórios de resistência cultural e espiritual. Não se trata de idealizar idílicas formas tribais ou de recuperar nostálgicas estruturas do passado, mas de redescobrir espaços em que o humano possa ser acolhido em sua fragilidade, instigado à busca da verdade, e sustentado por vínculos reais. Espaços assim não se impõem nem se improvisam: exigem uma intencionalidade fundadora. Por isso, mais do que nunca, educar é também criar e sustentar lugares.

Esses lugares podem tomar diversas formas: microescolas, grupos de estudo, comunidades de fé, famílias que se movem juntas, movimentos culturais ou mesmo pequenos círculos de convivência. O critério não está na forma, mas no fim: não devem estar a serviço da autoafirmação de seus membros, mas da abertura ao real ou da disposição a se orientar em vista do Sentido. A comunidade verdadeira é aquela em que a alteridade é preservada, e não suprimida por uma falsa unanimidade. Por isso, toda comunidade autêntica é também lugar de tensão criativa – e não de fuga.

Seja como for, não é possível afirmar a si mesmo senão na pertença a algo que o transcenda. A pertença, aqui, não é anulação, mas mediação: é pelo outro que me descubro. Por isso, recriar comunidades de sentido é mais do que reunir pessoas; é favorecer encontros verdadeiros. E encontros verdadeiros só acontecem quando cada um é acolhido como mistério, não como perfil. Quando a linguagem não serve à autopromoção, mas à partilha. Vale dizer que comunidades de sentido não são apenas agrupamentos funcionais, mas lugares onde a existência ganha densidade simbólica, onde o real é acolhido com reverência, onde a verdade é buscada em comum – não em isolamento.

Tais comunidades, por óbvio, não eliminam a solidão, mas a tornam habitável. Tornam-se o lugar onde é possível ensaiar um outro modo de estar no mundo – menos reativo, menos ansioso, menos autorreferente. Lugares onde o silêncio é permitido, a escuta é valorizada, e o vínculo não depende do desempenho. Só assim a interioridade cultivada pode encontrar um campo de expressão verdadeira.

Na prática, isso significa recuperar algumas disposições básicas: o tempo partilhado, a mesa comum, a oração comunitária, o estudo feito em grupo, o trabalho colaborativo. São gestos simples, mas que reeducam o desejo: nos lembram que não estamos sozinhos no mundo e que a verdade da nossa existência se manifesta no modo como habitamos a vida com os outros.

Em tempos de algoritmos que reforçam as bolhas e filtram o outro por sua semelhança ou dissemelhança com o "falso *self*" da *persona* inflacionada do guru, recriar comunidades de sentido é – insisto! – um ato de resistência e de esperança. Esperança de que o humano, ainda que ferido e disperso, pode reencontrar-se com sua vocação relacional[19]. Esperança de que há vínculos mais profundos do que os *likes* – vínculos que exigem compromisso, mas libertam. Esperança, enfim, de que a comunhão é possível mesmo neste tempo fragmentado.

Comunidades assim não apenas acolhem: elas educam, silenciosamente, pelo testemunho do que é possível viver.

Formação para a responsabilidade: liberdade como tarefa

A reconstrução de comunidades de sentido, tal como foi discutida, abre espaço para uma responsabilidade partilhada: não basta pertencer, é preciso responder. Por isso, o passo seguinte da resistência à idolatria digital implica, segundo penso, recuperar a liberdade como tarefa e a

19 Como diria Buber (1977), é no "Tu" que o "Eu" se revela – e não no espelho de si mesmo. O outro é presença e apelo, não projeção.

autoridade como serviço – especialmente no campo educativo e clínico, onde se forjam, cotidianamente, os critérios do juízo e do vínculo.

Mas o que significa, na prática, assumir essa liberdade como tarefa? O que está em jogo, afinal, quando falamos de responsabilidade, em um tempo que preza tanto pela espontaneidade e pelo direito irrestrito de "ser o que se quiser"? A idolatria digital, ao transformar o eu em centro absoluto de desejo e expressão, redefine o próprio conceito de liberdade. É por isso que resistir, nesse ponto, exige um esforço intelectual e existencial: recuperar o sentido da liberdade não como direito de fazer tudo, mas como vocação para fazer o bem – e isso passa por uma formação profunda da consciência.

É notório que uma das marcas mais perversas da cultura digital é a confusão entre liberdade e espontaneidade. O sujeito hiperconectado é incentivado a "expressar-se livremente", a "ser quem quiser", a "seguir seus impulsos". Mas essa liberdade, assim compreendida, é infantil, volúvel e, sobretudo, manipulável. Ela não forma, apenas consome. Não constrói, apenas reage.

Contra esse engano, o resgate da liberdade como responsabilidade é urgente. Aqui, novamente, o olhar educativo é indispensável. A verdadeira educação não oferece respostas prontas, mas forma para o juízo. Ensina o sujeito a perguntar-se pelas razões do que faz, pelas consequências do que decide, pela origem dos seus desejos[20].

Trata-se, portanto, de formar o espírito crítico – não aquele que se limita a denunciar o exterior, mas aquele que aprende a discernir interiormente. Educar para a liberdade significa ensinar a tomar posição. E tomar posição significa assumir consequências. Eis por que toda pedagogia da resistência exige a maturação do senso de responsabilidade, especialmente no uso da linguagem.

---

20 Cf. Giussani, 2004.

Não é possível resistir à idolatria digital reproduzindo a lógica do engajamento vazio. Profissionais da saúde mental, educadores, comunicadores – todos os que influenciam corações e mentes – precisam resgatar uma ética da palavra, que supere tanto o cinismo quanto o proselitismo. Pieper (1992) já alertava para o risco de que a comunicação se torne um instrumento de dominação, ao invés de ser instrumento de revelação da verdade. Formar para a responsabilidade é, pois, formar para a verdade.

A responsabilidade, nesse sentido, não é um peso moralista, mas o sinal mais claro de uma liberdade adulta. Só se responsabiliza quem reconhece que sua existência tem peso, que sua palavra tem impacto, que seu silêncio comunica. O que se espera, pois, de um educador, terapeuta ou comunicador não é infalibilidade, mas integridade. E essa integridade começa por uma vigilância sobre a própria linguagem: o que se diz, como se diz, a quem se diz e por que se diz. A palavra tem peso formativo, e por isso não pode ser lançada ao vento como opinião ou desabafo. Quando tudo é mediado por filtros, memes e ironias, recuperar a seriedade da palavra é um ato de profunda liberdade. É por meio dela que se edifica – ou se destrói – o espaço interior do outro.

Nesse sentido, é preciso retomar uma dimensão quase esquecida: a ascese da palavra. Resistir ao apelo de opinar sobre tudo, recusar a tentação do imediatismo, silenciar diante da ignorância – tudo isso forma o caráter. A responsabilidade diante da linguagem não é só um dever ético, mas uma disciplina espiritual. E essa disciplina é um testemunho silencioso contra a tagarelice do mundo digital.

Para formar sujeitos verdadeiramente livres, é necessário estimular o pensamento paciente, o gosto pela investigação, a abertura à dúvida legítima, o desejo sincero de compreender. Isso vale para o terapeuta diante de seu paciente, para o professor diante de seus alunos, para o comunicador diante de seu público. Educar para a responsabilidade é, em última instância, ajudar o outro a tornar-se autor de sua própria história – não mero consumidor de narrativas prontas, adquiridas em embalagens sempre novas (mas com o velho conteúdo da mentira vendável).

A idolatria digital estimula o conformismo disfarçado de autenticidade. A formação para a responsabilidade exige, ao contrário, coragem: coragem de pensar contra a corrente, de abdicar da popularidade em nome da coerência. Formar para essa coragem é um dos mais urgentes atos de resistência do nosso tempo.

A figura do mestre – e aqui incluímos o terapeuta, o professor, o diretor espiritual – não é a de quem impõe, mas a de quem responde. Responde por si e pelo outro, num movimento de escuta e provocação. Essa autoridade não nasce do mero carisma, mas da coerência. E talvez a responsabilidade mais alta de quem educa seja justamente esta: ser presença atenta, não performática; presença firme, sem ser rígida; presença disponível, mas não cúmplice.

A formação para a responsabilidade, portanto, só pode acontecer no encontro com uma autoridade que viva a própria liberdade como dom, uma "pessoa rica de consciência da realidade, de modo que ela se impõe a nós como alguém revelador, que gera em nós fascínio, respeito"[21]. Esse encontro é sempre educativo porque nos lança à nossa própria medida: o teste de que a pessoa está diante de uma verdadeira autoridade é que ela se torna mais si mesmo e menos um remedo caricatural de seu ídolo. E é por isso que toda resistência verdadeira exige mestres – não ídolos. Mestres cuja presença não nos capture, mas nos devolva o mais integralmente possível a nós mesmos.

Redescobrir a verdade: critério de resistência e de paz interior

Se formar para a responsabilidade é devolver à liberdade sua densidade ética, redescobrir a verdade é devolver ao pensamento sua gra-

21 Giussani, 2004, p. 59.

vidade existencial. Pois é da verdade – e não da aparência – que brota a paz interior. E é a verdade, novamente, que permite que a liberdade não se perca em si mesma, mas se oriente a partir de um critério. O próximo passo, portanto, é retomar a verdade como critério vital, horizonte comum e possibilidade de reconciliação entre o eu e o mundo.

A cultura digital contemporânea não é apenas o reino da informação; ela é, sobretudo, o reino da fragmentação da verdade. Cada indivíduo, nesse ambiente, é convidado a construir sua própria narrativa, sua própria versão dos fatos, seu próprio "eu" moldado pelas expectativas da audiência. O imperativo da autenticidade tornou-se, paradoxalmente, um disfarce para a simulação constante de coerência e originalidade. A multiplicação de versões e a velocidade da circulação de discursos criam uma ilusão de liberdade, mas, na verdade, geram cansaço, insegurança e cinismo. Tudo parece permitido, mas nada é confiável.

Nesse contexto, redescobrir a verdade é uma exigência vital, contra toda sanha da luxúria teórica dos novos intelectuais, mestres em *flatus vocis*. Sem a verdade, o pensamento se torna cativo da emoção, e o juízo se dissolve no fluxo dos afetos. A verdade é condição de paz interior, pois somente ela integra o eu disperso, devolve-lhe um centro a partir do qual pode existir sem necessidade constante de validação externa. A busca da verdade não é apenas um movimento de inteligência; é um movimento do ser inteiro em direção à sua fonte.

Santo Agostinho, em suas *Confissões*, expressou essa dinâmica de maneira insuperável: "fizeste-nos para Ti, e inquieto está o nosso coração enquanto não repousa em Ti"[22]. A Verdade, nesse sentido, não é meramente a adequação do intelecto às coisas (*adaequatio intellectus et rei*[23]), mas a reconciliação do ser com sua origem e destino. A in-

22 Agostinho, 1997, p. 19 (*Confissões* I, 1,1).

23 Em sua obra *De Veritate*, Aquino (1980) afirma: "*Prima ergo comparatio entis ad intellectum est ut ens intellectui concordet: quae quidem concordia adaequatio intellectus et rei*

quietude do coração humano não se apazigua com respostas rápidas, mas com a descoberta amorosa do sentido[24]. E essa descoberta não ocorre em abstrações, mas no confronto existencial com a realidade.

No contexto da idolatria digital, redescobrir a verdade significa resistir à sedução da aparência. Significa preferir o caminho difícil da coerência ao caminho fácil da aprovação. Significa aceitar o desconforto de ser incompreendido, se necessário, para não trair o núcleo mais íntimo da própria consciência[25]. Quando tudo parece negociável,

---

dicitur; et in hoc formaliter ratio veri perficitur" (q.1, a.1, co) – "O primeiro, portanto, na relação do ente com o intelecto é que o ente corresponda ao intelecto: essa correspondência, com efeito, é chamada de adequação do intelecto à coisa; e é nisso que formalmente se realiza a razão do verdadeiro" (Aquino, 2023, p. 30). Dito em outros termos: a primeira relação entre o ente (aquilo que existe) e o intelecto (a capacidade humana de conhecer) é de conformidade, ou seja, o que existe deve corresponder ao que o intelecto apreende. Essa correspondência é também chamada de adequação (*adaequatio*). Em termos técnicos, o intelecto se ajusta à realidade, e não a realidade ao intelecto. É justamente nessa conformidade – e não em outra coisa – que se realiza a formalidade do verdadeiro (*ratio veri*): algo é verdadeiro quando o intelecto compreende a coisa tal como ela é. No contexto do meu argumento, não estou dizendo que a *adaequatio* não é importante ou deva ser descartada, tendo em vista que a ordem objetiva entre o pensamento e a realidade segue sendo fator fundamental em tudo o que foi dito até este ponto, e, sobretudo, permanece tendo valor de consistência no núcleo das propostas feitas a ideia segundo a qual todo subjetivismo das visões sobre a verdade – seja na época de Santo Tomás, que mais contemporaneamente – deve ser refutado.

24 A definição tomista da verdade como *adaequatio intellectus et rei* pode ser lida em continuidade com a intuição agostiniana do *cor inquietum*, pois ambas apontam para a estrutura de abertura do espírito humano à realidade. Em Agostinho, o coração inquieto é símbolo de uma alma que não repousa enquanto não encontra a Verdade – não uma verdade subjetiva ou construída, mas aquela que se impõe por sua própria luz ("A verdadeira luz, que ilumina todo homem", segundo Jo 1, 9). Essa inquietação do coração é o impulso existencial que move o intelecto a buscar a adequação com o ser das coisas e o Ser que dá consistência a todas as coisas; é o desejo de verdade inscrito no próprio dinamismo da alma. Assim, o que em Santo Tomás aparece como estrutura formal do conhecimento, em Santo Agostinho surge como movimento interior do desejo – mas ambas expressam uma mesma antropologia: o homem como ser chamado à Verdade.

25 Pieper (1992) discute que a veracidade é não apenas uma questão de correspondência com fatos externos, mas também de fidelidade do ser humano a si mesmo e ao real, constituindo a base da integridade pessoal.

o compromisso com a verdade aparece como forma suprema de integridade.

Mas a verdade não se impõe como um pacote fechado, nem se entrega a quem não a deseja sinceramente. A verdade deve ser descoberta, passo a passo, no caminho da vida, por meio de encontros, acontecimentos, leituras, sofrimentos e alegrias. A verdade não é um dado, mas um dom. E, como dom que é, exige de quem a recebe o único gesto possível, qual seja: o acolhimento. Educar para a verdade, portanto, é acompanhar o outro na aventura da busca. É estimular a pergunta, e não impor a resposta.

Como afirma Stein (2003b), o desejo pela verdade está inscrito no próprio dinamismo da alma, como movimento que transcende o conhecimento meramente teórico:

> Em toda criatura de Deus se encontra um desejo natural de Deus, seu princípio e meta. Se encontra em todo coração humano em forma de anelo de felicidade, de ânsias de pureza e bondade, mesmo onde não existe nenhum conhecimento de Deus[26].

Essa estrutura de desejo é anterior à informação, mais fundamental que qualquer construção simbólica: ela é a condição da própria busca. Essa busca, porém, exige condições. Resistir à idolatria digital exige também cultivar espaços e práticas em que a verdade tenha direito de cidadania: a leitura atenta dos clássicos, a formação filosófica rigorosa, o diálogo autêntico, a oração silenciosa, o cultivo da amizade verdadeira. São modos concretos de manter vivo o desejo da verdade contra a anestesia do relativismo e a dispersão do entretenimento.

---

26 Stein, 2003b, p. 114, tradução nossa.

Pieper (1992), ao alertar sobre o abuso da linguagem como abuso do poder, dizia que onde a linguagem já não serve à verdade, mas à manipulação, a liberdade está ameaçada. O mesmo se aplica à cultura digital: onde já não se busca a verdade, mas apenas o engajamento, o ser humano deixa de ser interlocutor e companheiro de caminhada e passa a ser consumidor. A resistência, aqui, será devolver à palavra sua densidade ontológica, seu vínculo com o real.

Não se resiste à idolatria apenas com *slogans* ou campanhas de conscientização. Resiste-se redescobrindo a alegria da verdade, mesmo quando ela custa, mesmo quando ela nos obriga a mudar[27]. A verdade liberta[28] porque desmascara, mas também porque orienta. E é essa redescoberta que, por fim, devolve ao sujeito uma paz que não é mera ausência de conflito, mas a serenidade de quem se sabe ancorado no real.

Assim, a verdade torna-se o critério mais seguro de resistência e a fonte mais profunda da paz interior. Sem ela, a crítica se torna ressentimento; a liberdade, arbitrariedade; a comunidade, conveniência. Não há discernimento, não há liberdade, não há comunidade autêntica sem esse compromisso corajoso com aquilo que é – e não apenas com o que convém, agrada ou mobiliza.

A interioridade como fronteira de resistência

Se a verdade é o critério mais seguro de resistência e a fonte mais profunda da paz interior, então é preciso perguntar: de onde o sujeito há de escutá-la, discerni-la e acolhê-la? A resposta – já está claro para

27 Ratzinger (2005) sublinha, a esse respeito, que a verdade não é meramente confirmadora do sujeito, mas, muitas vezes, exige conversão e mudança profunda. Com efeito, a verdade não é confortável; ela nos faz exigências, impõe critérios; e não pode ser entendida como mera confirmação daquilo que sou, mas sim como chamado àquilo que devo tornar-me. Cf. Ratzinger, 2007.

28 Jo 8, 32.

você – não está nos algoritmos, nem nos consensos, nem nas tendências: está no cultivo da interioridade. O compromisso com a verdade não pode ser exercido sem uma disposição interior que sustente o juízo, integre o desejo e forme a consciência. Por isso, redescobrir a verdade exige, necessariamente, o resgate da interioridade como lugar de escuta e como fronteira de liberdade.

Mais eficaz do que qualquer forma de regulação externa é a conquista de um olhar lúcido sobre si mesmo. O cultivo de práticas de auto-observação, o estudo das estruturas simbólicas que nos formam, a crítica das palavras que usamos sem plena consciência de seu significado – tudo isso compõe uma espécie de educação da e para a resistência[29]. A idolatria digital é, antes de tudo, um esquecimento de si. Recuperar a interioridade é condição para qualquer ato verdadeiramente livre.

Em tempos como os nossos, fartamente descritos ao longo dos ensaios deste livro, recuperar o espaço da interioridade torna-se um ato profundamente contracultural. A idolatria digital age, sobretudo, como uma usurpação da interioridade[30]: não se trata apenas de "influenciar" o indivíduo, mas de configurar seu mundo interno – seus critérios, seus afetos, seus desejos. Trata-se, portanto, de reaver o centro da pessoa.

Essa reconquista exige práticas concretas: silêncio, leitura, contemplação, exame de si. E exige também uma mudança de mentalidade: deixar de ver o tempo de recolhimento como perda e reconhecê-lo como fertilidade. O que é interior é também fecundo – e, muitas

---

29 Vale lembrar o que foi dito no início deste ensaio sobre o significado de "resistência": o termo deve ser entendido em chave clássica e personalista, como formação da consciência em direção à verdade e ao bem, o que implica uma educação do juízo e não da *performance*. Cf. Pieper (1992) e Ratzinger (2007).

30 Cf. Han (2021), para quem o excesso de transparência, visibilidade e positividade leva à exaustão do sujeito e à corrosão do espaço interior.

vezes, mais fecundo do que aquilo que é visível. A resistência à lógica da exibição começa na recusa de se medir apenas pelo que é exposto.

Na tradição inaciana, o cultivo da interioridade é o ponto de partida para qualquer discernimento. Com efeito, não é de agora a convicção de que não há escolha livre sem contato com a própria fonte de onde brota o ser[31]. Por isso, educar a interioridade, além de ser, sim, um projeto psicológico, deve ser também antropológico e espiritual, de modo que implica, necessariamente, ensinar o sujeito a escutar antes de reagir, a julgar antes de ceder, a permanecer antes de perambular.

Como vimos, a educação deve coincidir com o esforço de introduzir o jovem na realidade total[32]. E isso supõe que haja, de fato, uma "realidade total", e que o educador seja, antes de tudo, um acompanhante nesse caminho, e não um coreógrafo de *performances*. No contexto digital, formar a interioridade é oferecer resistência à superficialidade performática, criando espaços de relação onde o sujeito possa, de novo, ser sujeito.

Dito dessa forma, leitor, aquilo a que venho chamando de interioridade mostra-se como um lugar no qual a crítica encontra seus critérios, mas sobretudo se apresenta como o lugar de onde pode partir toda experiência genuína de comunhão: nela, o eu encontra o outro em profundidade – sem filtros ou cálculos. Daí que o verdadeiro combate deva acontecer não na arena do espetáculo, onde o sofrimento alheio é oferecido como distração para a alegria da plateia sedenta, mas no santuário do coração, onde a dor e a miséria do outro podem ser acolhidos, num gesto que nos assemelha ao Criador.

---

31 Essa é uma das preocupações centrais de Stein (2003a), em sua crítica ao idealismo moderno: o eu não é, para ela, autoconstituinte absoluto, mas se reconhece como chamado por um fundamento que o precede.
32 Cf. Giussani, 2004.

Educação como criação de história

Não obstante tudo o que dissemos, o cultivo da interioridade, por si só, não basta. Ela é princípio, não fim. Se o coração humano reencontra ali – no núcleo do que é[33] – sua profundidade e verdade, é preciso dar um passo adiante: formar sujeitos capazes de transbordar essa verdade em ação, em vínculo, em reconhecimento de sentido no tempo. A resistência a partir do interior precisa tornar-se história e, para tanto, precisa ser compartilhada, numa autêntica experiência de pertencimento. E é aqui que a educação entra em cena uma vez mais, não para afirmá-la como panaceia contra todos os males culturais, tampouco como técnica de transmissão passiva, mas como arte de gerar presença.

Mais do que isso, podemos dizer – ainda que soe redundante – que educar é gerar presença capaz de fazer história, e não apenas de se adaptar a ela[34]. Essa é talvez a proposta mais radical deste livro: se há algo mais a dizer sobre a resistência à idolatria digital, é que ela não pode consistir numa negação do passado, tampouco em se ausentar do presente, mas em estar plenamente inscrito na temporalidade, de modo que o futuro não seja mera consequência inerte de um processo, efeito de engrenagens num movimento quase autônomo. Que o futuro seja o resultado de uma consciência inserida a pleno no real. Assim, se a linguagem foi manipulada até agora, cabe a nós redimi-la; se o desejo foi capturado, ontem ou hoje, cabe a nós reorientá-lo; se a imagem, há tempos, substituiu o vínculo, cabe a nós reaprender o gesto. Nenhuma técnica nos salvará – mas um novo começo pode existir, a partir da fidelidade à verdade experimentada no coração.

Se, como afirmava Bloch (2001), "a incompreensão do presente nasce fatalmente da ignorância do passado"[35], podemos dizer também

33 Cf. Stein, 2003a, e Giussani, 2009.
34 Cf. Giussani, 2004.
35 Bloch, 2002, p. 39.

que a apatia diante do futuro nasce da renúncia ao papel educativo, hoje. Educar, quando bem entendido, terá sempre que ver com criar história[36] – não como cronologia ou voluntarismo: como sentido e disposição.

A idolatria digital – é preciso que se diga! – é, outrossim, uma idolatria da imediatez do consumo e da identidade. O sujeito digital é fragmentado porque é desprovido de enraizamento histórico: ele não sabe de onde vem nem para onde vai; ele não se sente parte de um drama comum, e sim de uma vitrine de dois lados sempre ao alcance dos olhos – o usuário é vitrine para os ávidos caçadores de *leads*, e os perfis se apresentam, um após o outro, no *feed* e na lista de *stories*, aos ansiosos usuários.

Por isso, resistir é também, necessariamente, recontar, reconstituir vínculos de pertencimento, resgatar tradições de sabedoria consolidada pela história, devolver ao tempo sua espessura. Nesse sentido, se a educação é como uma ajuda para que o outro tome posse de si mesmo em relação ao próprio destino – parafraseando Giussani (2004) –, é preciso que se entenda que isso não pode ser feito sem historicidade. É por meio da memória que nossa vocação à perfeição ganha forma[37]. E é por meio da história que a liberdade se exercita.

Isso nos leva a dizer o que deveria ser óbvio: que educar não é apenas tarefa de escolas ou universidades. É tarefa de todo adulto que se recuse a ser cúmplice do infantilismo digital. É missão de todo profissional da saúde mental que compreende que curar não é moldar, mas acompanhar. É tarefa de todo comunicador que entende que linguagem é responsabilidade, e não apenas ferramenta.

Em última instância, resistir à idolatria digital é apostar que o humano ainda é possível[38]. Que o vínculo é maior que o clique. Que

36 Cf. Certeau, 2002.
37 Cf. Ratzinger, 2007.
38 Essa aposta na possibilidade do humano diante da desfiguração cultural contemporânea aproxima-se do diagnóstico de Del Noce (1992), para quem a resistência mais

a escuta é mais fecunda que a opinião. Que a verdade vale mais que o algoritmo. E que a educação, quando feita com coragem e liberdade, pode, sim, transformar o mundo. E, lembre-se, leitor: o mundo nunca foi e nunca será mudado por *slogans* que enfeitem paredes de boteco ou sejam tatuados no braço, ou pichados nos muros das cidades. O mundo já foi mudado de uma vez por todas e o foi por meio do método mais simples que se poderia imaginar: a Presença... e uma Presença que permaneceu em histórias enraizadas, em gestos vivos, em uma miríade de outras presenças que nunca cederam e seguem sendo, no tempo, testemunhas ainda vivas dAquela Presença que alterou os rumos de toda a História Universal.

Educar, assim, é manter viva a esperança na realidade como critério sempre disposto a se nos impor, à revelia de nossas expectativas ou ideias mirabolantes. É crer que a história ainda pode ser escrita com justiça, paciência e caridade – e que essa escrita começa na autoconsciência que cada um chega a ter, na exata medida em que, tocando de leve a verdade, amadurece em liberdade.

Educar, assim, é sustentar a esperança apenas possível na certeza da Encarnação: no fato de que toda a realidade foi assumida e redimida. É crer que cada gesto de liberdade e de amor participa da construção de uma história que, mesmo marcada pela dor, não está abandonada, mas é conduzida a uma plenitude. É apostar que a Verdade feita carne continua a ser o critério último para discernir, resistir e criar.

Educar, assim, é preservar a confiança na realidade e vivê-la, insistentemente, como dom e como tarefa. É reconhecer que toda busca pela verdade, quando genuína, é já um ato de liberdade, e que toda liberdade autêntica é histórica, deixa marcas na história: reco-

---

fecunda não é a do confronto ideológico, mas a do testemunho que permanece fiel à verdade integral do homem.

nhece sentido, sustenta a convivência, funda a esperança. É confiar que o humano, mesmo fragilizado, é sempre capaz de resistir à mentira, de escolher o bem e de encontrar paz na adesão amorosa ao ser.

Educar assim – da maneira como tratei até este ponto – é lembrar que ainda há olhos que se levantam da tela do celular. Ainda há corações que tremem ao ouvir seu nome verdadeiro sendo pronunciado com aquele amor apenas possível quando o chamado é carregado da "validação na existência". Ainda há silêncios férteis, prontos a acolher a semente de uma atenção sincera. E – por que não lembrar da verdade evangélica? – onde há verdade será sempre possível nascer liberdade.

CONCLUSÃO

Do adoecimento à liberdade: a crítica como ato de amor

Chegamos ao final de uma jornada que iniciou com a constatação de como a linguagem pode ser corrompida para manipular e controlar, passou pela análise de estratégias de mercado que se aproveitam de nossas vulnerabilidades e culminou em reflexões históricas que demonstram o valor do discernimento e da liberdade interior. O fenômeno da idolatria digital desponta, ao longo destas páginas, como resultado de forças sociais, tecnológicas e psicológicas que convergem para produzir uma cultura de dependência e adoecimento.

Essa idolatria não ocorre de forma espontânea ou inevitável. Pelo contrário, é sustentada por algoritmos que priorizam o engajamento a qualquer preço, por discursos "terapêuticos" rasos que exploram o sofrimento, e pela lógica de um capitalismo que comercializa até mesmo nossas emoções. Em meio a esse cenário, cada indivíduo se vê convidado a refletir sobre sua própria participação: seremos atores passivos nesse espetáculo, ou assumiremos o protagonismo de questionar e resistir?

A resposta, defendida ao longo destes capítulos, está na recusa de soluções simplistas e na construção de uma cultura de cuidado genuíno, em que a saúde mental não seja mais tratada como mercadoria, e se redescubra a importância de considerá-la objeto de uma relação de acolhimento e de escuta autêntica. Mais do que isso, vimos que a tradição espiritual dos séculos XVI e XVII – marcada pela busca do discernimento e pela compreensão da liberdade como um exercício consciente – pode inspirar novas maneiras de lidar com as armadilhas do mundo virtual.

"Do adoecimento à liberdade" significa reconhecer que a verdadeira cura não está em promessas milagrosas ou na *performance* constante. Insisti e insisto que a terapia deve passar por processos que conduzam à autoconsciência, à responsabilidade e ao compromisso com a realidade e com a vida. Os profissionais de saúde mental desempenham papel crucial nessa transição ao se recusarem a participar de práticas manipuladoras e ao adotarem posturas que favoreçam o crescimento pessoal e comunitário. Urge que esse passo aconteça. E que seja dado com consciência ética e consistência antropológica.

Há, por fim, uma dimensão de esperança no que foi discutido. O cenário digital, embora repleto de riscos, ainda pode servir de espaço de encontro e partilha legítimos, desde que haja consciência crítica e disposição para sustentar uma comunicação verdadeira. Libertar-se das cadeias do culto ao "eu ideal" e da mercantilização do sofrimento é um desafio, mas também uma oportunidade de redescobrir a profundidade que dá sentido às relações humanas.

A jornada não termina aqui. Convido cada leitora e leitor a prosseguir na reflexão e a se tornar, em sua esfera de atuação, um agente de mudança. Que este livro sirva como um guia inicial, ou mesmo um alerta, para que não nos deixemos aprisionar por falsas promessas digitais – mas, sim, construamos caminhos onde a liberdade e o cuidado autêntico sejam valores centrais na busca do bem-estar individual e coletivo.

POSFÁCIO

Por uma prática da liberdade

Nenhum dos capítulos anteriores, como era de se esperar, pretendeu oferecer soluções operacionais ou receitas de conduta. Mas, sim, é possível oferecer-lhe, leitor, um conselho de natureza prática. E, para que possa tirar o maior proveito possível desse conselho e, sobretudo, do texto pelo qual você se deixou guiar até estas linhas finais, eu lhe proponho uma premissa:

> A vida intelectual precisa do alimento dos fatos. Encontramos fatos nos livros; mas todos sabem que uma ciência puramente livresca é frágil; sofre do mal da abstração; perde qualquer contato e, por conseguinte, oferece ao juízo uma matéria muito diáfana, quase ilusória. [...] As ideias estão nos fatos, não vivem por si mesmas. [...] O homem de pensamento deve permanecer junto àquilo que é, senão seu espírito vacila. [...] *Quantas experiências a vida nos oferece a cada dia! Nós as deixamos passar, mas o pensador profundo recolhe-as e com elas compõe seu tesouro.* [...] A ideia, privada de seus elementos experienciais, de seus fantasmas, é em nós apenas um conceito vazio, que

> não é possível sequer perceber. Na medida em que os fantasmas são ricos, o pensamento é amplo e forte[1].

Ou seja, antes mesmo de pensar em qualquer apelo à praticidade imediata ou em modelos aplicáveis de autoaperfeiçoamento, é fundamental que você se acostume a aprender da própria experiência e, para isso, lute contra o risco do abstracionismo, da intelectualidade livresca oposta aos fatos e à realidade vivida. Pense, por exemplo, nos dias que passou tendo se debruçado sobre este texto e compare cada página com sua experiência: o que você aprendeu? No que estes ensaios julgaram seus usos e vezos no que diz respeito às redes sociais? Como este livro iluminou a sua consciência? Perguntas como essas o ajudarão a se colocar na posição inteligente – que lê (*legere*) as entrelinhas (*intus*) da vida e da realidade – segundo a qual nunca haverá um vivido do qual você não possa tirar uma lição, um juízo que se traduza, praticamente, em um maior comprometimento com a vida:

> Estar comprometido com a vida não significa um compromisso exasperado com um ou outro de seus aspectos: o compromisso com a vida nunca é parcial. O compromisso com um ou outro aspecto da vida, se não for vivido como derivação de um compromisso global com a própria vida, correrá o risco de tornar-se uma parcialidade desequilibrante, uma fixação ou uma histeria. [Portanto, trata-se de um] compromisso com a vida inteira, em que tudo está compreendido: amor, estudo, política, dinheiro, até a comida e o repouso, sem nada esquecer – nem a amizade, nem a esperança, nem o perdão, nem a raiva, nem a paciência[2].

---

1 Sertillanges, 2019, p. 71-72, grifo nosso.
2 Giussani, 2009, p. 62-63.

Portanto, o que quero lhe propor nestas últimas linhas não é uma atuação em vista de alguma maior produtividade ou funcionalidade, mas uma prática que só pode ser chamada de *fidelidade*. Fidelidade a uma verdade descoberta no mais íntimo de si mesmo, contra toda tendência de dispersão, captura ou autoengano.

Ao longo destes ensaios, examinamos como a linguagem, o desejo, a imagem e o próprio conceito de identidade foram lentamente deslocados para uma lógica de mercado e de manipulação. Logo, seria uma contradição encerrar esta obra com uma lista de "dicas práticas" sobre como escapar desse processo. Não é disso que se trata. A prática que aqui se defende é uma só: a prática da *liberdade interior*, ou, para ficar nos termos anteriores, a fidelidade à liberdade interior. E essa não é uma técnica, mas um caminho. Um caminho que exige *discernimento*, *memória*, *paciência* e *vigilância*.

O primeiro passo dessa prática da liberdade é o *discernimento*. Não no sentido banalizado da palavra, como mera análise de prós e contras, mas como exercício de escuta interior, bastante conforme à tradição inaciana dos *Exercícios Espirituais*. O discernimento, nesse caso, é, antes de tudo, um ato de atenção: uma capacidade de distinguir entre o que é aparência e o que é chamado profundo; entre os movimentos passageiros da alma e as moções mais duradouras, que apontam para a verdade do ser. Como lembrou São João Paulo II, a busca da verdade exige da razão humana um movimento constante de superação de suas próprias limitações, numa ascese intelectual que a liberte do ceticismo e do pragmatismo dominantes[3].

No âmbito tomista, o discernimento também é compreendido como uma operação integrada da inteligência e das faculdades sensíveis internas, especialmente o sentido comum, que permite ao sujeito perceber-se em ato, integrar percepções diversas e manter unidade

3 Cf. João Paulo II, 1998.

interior frente à dispersão sensorial[4]. O sentido comum – noção tão cara à tradição aristotélico-tomista – é a base operativa da consciência sensível e da discriminação entre diferentes dados da experiência. Não se trata apenas de "sentir", mas de "saber que se sente" e de julgar os dados recebidos.

A pedagogia inaciana, como chegamos a mencionar antes, oferece, na esteira dessa mesma tradição de pensamento, um roteiro de discernimento que não ignora os afetos nem os conflitos internos. Santo Inácio ainda hoje convida o praticante a distinguir entre as moções espirituais que conduzem ao bem maior e aquelas que, embora sedutoras, terminam por afastar o sujeito de sua finalidade última[5]. Esse processo supõe memória, inteligência, docilidade e, sobretudo, uma reta intenção: a busca sincera da vontade de Deus, reconhecendo-se criatura chamada à liberdade e à verdade. No E.E. 333, Santo Inácio anota uma das regras para o discernimento de espíritos:

> Devemos atender muito ao curso dos pensamentos. Se o princípio, o meio e o fim são todos bons, inclinados inteiramente para o bem, é sinal do bom espírito. Mas, se a sequência dos pensamentos sugeridos termina em alguma coisa má ou que distrai ou que é menos boa do que a que a pessoa se propusera anteriormente fazer, ou a enfraquece ou inquieta e conturba tirando-lhe a paz, tranquilidade e quietude que antes possuía, então é sinal claro de que provém de mau espírito, inimigo do nosso proveito e salvação eterna[6].

Se tirarmos dessa quinta regra aquilo que parece estranho à nossa mentalidade laicista, perceberemos um importante aspecto do dis-

4 Cf. Guerrero, 2022.
5 Cf. Goulart, 2023.
6 Loyola, 1997, p. 178-179.

cernimento, advindo, obviamente, da longa tradição aristotélico-tomista e muito bem aproveitado pela pedagogia inaciana: a ideia segundo a qual o "pensamento" é o recurso mais útil nesse esforço de ponderação adequada acerca do significado da realidade. Com efeito, para discernir de forma correta sobre a fonte de onde brotam os movimentos afetivos internos, é preciso que nos valhamos sempre de um critério objetivo e de um subjetivo. No entanto, apesar da aparente oposição entre esses dois mundos – o externo e o interno –, o discernimento será tanto mais verdadeiro quanto mais houver coincidência entre eles: vale lembrar a máxima tomista segundo a qual "*veritas est adaequatio rei et intellectus*" (a verdade é a adequação da coisa e do intelecto)[7].

É bem verdade, porém, que, no âmbito dos *Exercícios Espirituais*, qualquer consideração sobre a objetividade e a subjetividade se refere, antes, ao universo dos valores; à Filosofia Moral, portanto. De modo que os valores são verificáveis por todos – universais e necessários – ou serão tão somente vinculados ao mundo afetivo e à orientação da pessoa, que, então, somente ela poderá empregar um tal critério. Fato é que, em cada critério que utilizamos, como explicita o próprio Santo Inácio, sempre haverá um princípio, um meio e um fim, como elementos fundamentais: na ausência de um deles, faltará capacidade de decisão.

No que concerne ao critério objetivo – intelectual –, diz-se que os fatores temporalidade e espacialidade não são essenciais, logo, não deverá ser avaliado sob o crivo histórico, cultural e social. No início de um discernimento objetivo, a pessoa deve saber identificar o objeto de sua decisão como algo Bom (estamos, pois, falando de um "princípio"); no meio, deve ser capaz de empregar vias honestas e permitidas (estamos falando, aqui, de "meios"); no fim, deve estabelecer uma

7 Cf. Aquino, 2023.

teleologia que não se encerre no próprio indivíduo, mas, nas palavras dos jesuítas, "na maior glória de Deus" (estamos falando de "finalidade", portanto). Não custa recordar que a "glória de Deus é o homem que vive, e a vida do homem consiste na visão de Deus"[8]: o homem que vive é aquele cujas faculdades são integralmente empregadas na visão da Beleza, da Bondade e da Verdade.

Quando se trata dos critérios subjetivos – de caráter afetivo –, entra em jogo a temporalidade, na exata medida em que se requer um tempo para que uma decisão seja tomada: no início, a pessoa precisa ter uma reta intenção, deve ter plena liberdade interior e deve estar disposta a tomar uma decisão totalmente pessoal; no meio (o "durante" da decisão), a pessoa deve ter consciência de um progresso ascensional nas virtudes da fé, da esperança e da caridade e na percepção interior de um crescimento também do seu interesse em se converter; no fim (o ponto-final do discernimento), a pessoa deve experimentar a realização de si, consolida-se a alegria interior e a certeza de ter alcançado a plenitude do Ser.

No campo antropológico mais amplo, o discernimento se apresenta como um exercício da razão (a mesma categoria "pensamentos" já discutida) em sua plenitude, ou seja, um empenho de integrar a fé e a razão, entre a experiência sensível e a intuição intelectual, com vistas a uma adesão responsável ao real[9]. Não é por acaso que São João Paulo II tenha insistido, na *Fides et Ratio* (1988), que o homem só se torna verdadeiramente homem quando se orienta à busca da Verdade última e não se contenta com fragmentos de sentido.

Diante do cenário de manipulação perceptiva e emocional promovido pelas redes digitais, essa capacidade de discernir torna-se uma forma de manter de pé, estavelmente, aquilo que há em nós que é

8 Lião, 1995, p. 433.
9 Cf. Almeida, 2004.

realmente inabalável: um modo de resistência, portanto. Em meio a discursos polifônicos, a um fluxo contínuo de informações, imagens e afetos manipulados, cultivar o discernimento é escolher não reagir automaticamente. É aprender a escutar antes de responder, a perguntar antes de concluir, a interiorizar antes de expor.

Além disso, há ainda o papel da *memória*, que é essa faculdade que impede a alma de se dissolver num fluxo sem controle nem direção. A cultura digital, ao nos treinar para a obsolescência imediata, nos torna incapazes de aprender da experiência. Mas, como lembra o fundador dos jesuítas, é preciso recordar as graças recebidas, pois nelas está o fundamento do juízo. A memória não é uma função passiva da mente, mas é uma disposição ativa da alma a permanecer fiel ao que reconheceu como verdadeiro. Giussani (2009) retoma essa tradição aristotélico-tomista – um dos pilares fundadores da Companhia de Jesus – ao dizer que o senso religioso está intimamente vinculado à memória de uma Presença. A prática da liberdade passa, então, por cultivar a memória daquilo que nos revelou quem somos; e essa memória, quando guardada, transforma-se em critério.

> Mas, para compreendermos melhor o dinamismo que gera participação, comunicação, tenho de insistir em duas notas: a) A experiência é tutelada pela memória. Memória é proteger a experiência. A experiência está, portanto, sob tutela da memória, porque eu não posso dialogar com você se a minha experiência não estiver guardada em mim, protegida em mim como uma criança no seio da mãe, de tal modo que cresça em mim à medida que o tempo passa. b) A experiência deve ser verdadeiramente isto, ou seja, julgada pela inteligência, de outro modo, a comunicação torna-se um tagarelar ou um vomitar de lamentos. E como a inteligência julga a experiência? Comparando sempre o conteúdo expressivo com base nas

exigências constitutivas da nossa humanidade, com base na "experiência elementar", porque a experiência elementar é a inteligência em ação, na sua essência[10].

De fato, é preciso – hoje, mais do que nunca – manter a clareza de que a vida não coincide com os "sonhos" que nos são vendidos no ambiente digital. Esses sonhos não passam de projeções de desejos nossos que, no mais das vezes, nos foram infundidos, quando sequer pensávamos no objeto para o qual apontam. A nossa vida cotidiana deve ser, antes de mais, dirigida por "algo que aconteceu e que carrega consigo o significado de toda a minha vida. A memória é maior do que o sonho. O sonho é um esforço teu que, no fim, te esgota"[11].

Entendida, genericamente, como potência da alma sensitiva – um dos quatro sentidos internos –, a memória, porém, na perspectiva aristotélico-tomista, é também uma faculdade inseparável do intelecto, como um aspecto passivo do intelecto, que conserva as formas sensíveis do passado, permitindo à pessoa ter consciência do que já aconteceu. E, sem dúvida, essa consciência é fundamental para o raciocínio e para a ação da pessoa no presente. O próprio Doutor Angélico se pergunta, na sua *Suma Teológica*, se a memória faz ou não parte da prudência e conclui:

---

10 Giussani, 2009, p. 131. No *Prefácio* da obra, o Cardeal Agnello, Arcebispo de Salvador e Primaz do Brasil, resume o conceito de "experiência elementar" assim: "A experiência elementar constitui o movente de toda atividade humana e, ao mesmo tempo, o crivo crítico com o qual é avaliada a realidade que se apresenta à pessoa e, além disso, o horizonte no interior em que a pessoa se move. Ao tomar consciência dela, o eu se fortalece, recupera toda a sua energia para viver intensamente cada instante, com uma verdadeira paixão por tudo que encontra, torna-se protagonista da grande aventura de abraçar a realidade como sinal do Mistério que se dá a conhecer, enquanto indica os passos do caminho rumo ao destino, à maturidade, à plena realização" (p. 12-13).

11 Giussani, 1991, s/p, tradução nossa.

> A prudência versa sobre os atos que são contingentes, como dissemos. Ora, em relação a eles, o homem não pode dirigir-se pelo que é absoluta e necessariamente verdadeiro, mas, pelo que se dá na maior parte dos casos. Ora, os princípios devem ser proporcionados às conclusões e, de tais princípios, devemos tirar tais conclusões que lhes sejam proporcionadas, como diz Aristóteles. Ao passo que, necessariamente, pela experiência é que conhecemos o que é verdadeiro, de ordinário. Por isso o Filósofo diz que a virtude intelectual é gerada e desenvolvida pela experiência e pelo tempo. Ora, a experiência resulta da memória de casos repetidos, como está claro em Aristóteles. Por onde e consequentemente a prudência exige a memória de casos multiplicados. Por isso e convenientemente a memória é considerada parte da prudência[12].

De forma que podemos dizer com Giussani (2001) que "a memória é o órgão espiritual, sensível e espiritual, que colhe em toda a sua força a memória de Cristo", aquela faculdade que "vê nas coisas, que sabe ver nas coisas a sua natureza real"[13], ou seja, sua consistência última. Uma consistência que nunca é construída por nossa inteligência, mas é reconhecida por ela como memória de um evento que não só pertence ao passado, mas permanece presente ainda – exatamente por ser a consistência mesma do real e do tempo. Com efeito, a memória é, antes de tudo, a consciência de uma presença, que começou no passado – "começou" e permanece.

No contexto sobre o qual nos debruçamos ao longo das páginas desta obra, o caminho que a memória nos oferece permitirá, nessa busca de fidelidade à liberdade interior, estabelecer os fundamentos

---

12 Aquino, 2016, p. 331.
13 Giussani, 2001, s/p, tradução nossa.

do nosso passo sobre uma experiência vivida, sobre, por isso mesmo, uma experiência que foi objeto de um juízo claro ao qual só chegamos na medida em que nos comprometemos com tudo o que nos acontece. Vale lembrar que esse "juízo" será tanto mais verdadeiro quanto mais for capaz de identificar, nas entrelinhas do real, a consistência última de tudo, o sentido último da existência.

Mas, para que a memória se torne força operativa e não apenas arquivo, ela precisa ser sustentada pela *paciência*. Paciência é a virtude que sustenta a liberdade no tempo. Em tempos de urgência e impaciência, resistir é, em primeiro lugar, permanecer. Permanecer no tempo da verdade, no tempo das coisas que amadurecem longe do espetáculo, no tempo da consolidação interior. A verdade exige tempo: para ser reconhecida, amada e incorporada.

Santo Evágrio Pôntico e Santo Inácio de Loyola, cada um a seu modo, insistem na importância da perseverança em meio à aridez e à desolação. O monge do Ponto, já nos primórdios da tradição monástica, advertia contra a acídia e a fuga da realidade que o tempo exige: sem paciência, o homem se torna errante, incapaz de perseverar em qualquer caminho. Já o fundador da Companhia de Jesus (1997), por sua vez, em seus *Exercícios Espirituais*, insiste na importância da perseverança durante os momentos de desolação: "Em tempo de desolação nunca se deve fazer mudança, mas permanecer firme e constante no propósito"[14] (E.E. 318).

Pieper (2023), ao tratar da esperança, lembra que esperar autenticamente é aprender a habitar o tempo da verdade – um tempo que, quase sempre, contraria o imediatismo da vontade. Praticar a paciência é, assim, recusar-se a ser determinado pelo imediatismo das reações, e aceitar o ritmo da verdade como critério mais alto que o ritmo do mercado. Dito assim, devemos crer que a paciência não é mesmo

---

14 Loyola, 1997, p. 171.

passividade, mas uma forma ativa de resistência ao ritmo ansioso do mundo.

Giussani aprofunda essa ideia ao afirmar que

> [...] o significado último é presença; a clareza vasculha a contínua ambiguidade das aparências e nela descobre a utilidade real das coisas; em particular, o tempo foi exorcizado de sua hostilidade, de que a morte e a corrupção são os sinais supremos: a organização da própria presença no mundo acontece na fadiga, mas na paz. O trabalho da vida torna-se paciência[15].

A paciência cristã, segundo ele, não é mera resignação, mas "*patire* o mundo", isto é, viver a paixão da existência, carregá-la com consciência e amor.

> A paciência é o modo de carregar a totalidade ou de levar tudo em direção à totalidade: é uma energia, a paciência, não uma submissão ou uma resignação. A resignação é a não vida; a paciência é a dinâmica do viver[16].

Por isso, cultivar a paciência é aceitar a lentidão dos processos humanos, o amadurecimento gradual da consciência e a formação moral que só o tempo permite. A liberdade precisa da paciência como o fruto precisa da estação certa para amadurecer.

Se a paciência sustenta a liberdade no tempo, a *vigilância* a protege no instante. Vigiar é guardar a alma. Não se trata de tensão constante ou de neurose moral, mas de presença desperta: um estado de atenção ao real, ao próprio coração e às moções interiores. Em um

---

15 Giussani, 1995, p. 235, tradução nossa.
16 Giussani, 2007, p. 308-309, tradução nossa.

mundo de dispersão contínua, onde o sujeito é seduzido a estar em todos os lugares e em lugar nenhum, a vigilância é, também ela, um ato de resistência.

Santo Inácio propõe o exame diário como forma concreta dessa vigilância: uma revisão simples, mas profunda, do dia que passou, buscando reconhecer os momentos de presença e de ausência, de fidelidade e de distração. Giussani (2008) traduz essa ideia como "contrição carregada de amor": não uma autocensura infértil, mas um olhar lúcido e amoroso sobre si mesmo.

> A vigilância, portanto, é contrição. Existencialmente, ao longo do caminho da nossa existência, a vigilância é contrição carregada de amor; é ela que alimenta a espera e o desejo, e é na espera e no desejo que se forma uma consciência clara, uma experiência real da iminência de Cristo[17].

Essa vigilância é alimentada pela esperança, que é como uma energia que rompe a distração, a indiferença e a afobação que o mundo constrói ao nosso redor. Com efeito, a esperança é a força da vigilância, é o que a sustenta, vencendo as trevas, como aliás a própria palavra "vigiar" indica, pois era o verbo das sentinelas da noite.

Mais do que um modo disciplinado de viver, a vigilância é uma forma de amar o instante, de reconhecer a densidade do presente e de habitar o tempo como ocasião de encontro com a verdade. Como Giussani (1996) afirma:

> *Age quod agis* – faça o que fazes, faça o que estás fazendo – é a norma suprema da ação, não há outra mais inevitável. Mas esta é também a fórmula do instante. Uma vida de homem enfren-

17 Giussani, 2008, p. 19, tradução nossa.

> tada cristãmente, uma vida vivida na fé, é doação do instante, amor ao instante, reconhecimento da preciosidade do instante[18].

Tal atitude de prontidão é, antes de tudo, uma resposta amorosa ao chamado da realidade. Recordo, aqui, o belo e quase esquecido *Inno delle Scolte di Assisi*, cantado ao final do dia pelas escoltas que guardavam a cidade, em vigília silenciosa, atentos à aproximação de qualquer perigo, mas também dispostos a proteger, com alegria e sacrifício, aquilo que lhes era confiado:

> *Hino das Escoltas de Assis*
> Soa a trombeta, já o dia terminou,
> Já subiu a canção do toque de recolher.
> Levantai-vos, escoltas, às torres,
> Guardas armadas, olá!
> Atentas, em silêncio, vigiai!
> Atentas, ó escoltas, vigiai!
> Ó nossos santos que no céu exultais,
> Virgens santas, gloriosas e bem-aventuradas,
> Nós vos invocamos,
> Esta cidade,
> Com vosso amor, salvai.
> Contra o inimigo que a alma mantém,
> Contra a morte que vem de repente,
> Em cada coração
> Haja paz e bem,
> Haja trégua para toda dor.
> Paz![19]

---

18 Giussani, 1996, p. 2, tradução nossa.
19 Tradução nossa, com base no original italiano.

Essa imagem das escoltas, postadas nas torres ao final do dia, em silêncio e atenção, resume de forma poética o que é a vigilância espiritual: um estado de atenção amorosa, sustentada pela memória daquilo que se ama, pela paciência de quem sabe esperar o momento certo e pelo discernimento que permite distinguir a aproximação do inimigo da chegada de um amigo.

Esses quatro eixos – discernimento, memória, paciência e vigilância – não compõem, por óbvio, uma técnica, tampouco um método no estilo "faça você mesmo". São, como se viu, expressões da liberdade em sua maturidade. Praticá-los não é seguir um roteiro, mas renovar o olhar, dia após dia, sobre a própria humanidade. São práticas silenciosas, ocultas – e que devem permanecer assim –, que fecundam o real a partir do interior. Não prometem sucesso nem notoriedade, mas sustentam a fidelidade ao que se viu no fundo do coração.

Em tempos de idolatria digital, vale lembrar, resistir significa manter vivo o desejo de verdade, mesmo quando tudo ao redor parece sugerir que já não há nada a ser buscado. A tarefa, portanto, é mais silenciosa do que espetacular. Trata-se de reeducar o olhar, recuperar o gesto, reaprender o vínculo. De redescobrir a interioridade como lugar de fecundidade e não como refúgio estéril. De recriar comunidades de sentido, onde o humano ainda possa ser reconhecido, e não apenas exibido.

Há hábitos, gestos, atitudes que podem denotar esse compromisso pessoal, no cotidiano: desligar o telefone celular durante as refeições, escutar um amigo sem esperar pela própria vez de falar, ler um livro difícil sem ceder à tentação de abandoná-lo nas primeiras páginas... Nada – nada mesmo! – de surpreendente ou de difícil. Aliás, vale lembrar que conhecemos a seriedade de um empenho com a vida não tanto pelas ações exuberantes ou pelos discursos grandiloquentes, mas pela dedicação aos pequenos gestos do cotidiano.

É preciso começar por retomar a capacidade de atenção, ferida pelas exigências constantes de resposta. E fortalecer-se com pequenos atos de resistência, como preservar o silêncio, dedicar tempo ao cuidado com as palavras ou escolher deliberadamente não responder a tudo. Cultivar hábitos que reorientem o desejo: por exemplo, frequentar a beleza, buscar a verdade, habitar a memória. Isso também pode significar assistir a um filme com profundidade e partilhá-lo em diálogo, manter um caderno de anotações existenciais, ou até mesmo dedicar-se à oração. Estas são práticas da liberdade.

A prática da liberdade é, antes de mais, uma prática da lucidez. Não se opõe à realidade, mas a toma como ponto de partida. É a capacidade de manter-se presente à verdade do instante, sem fugir nem se curvar. É um tipo de responsabilidade que não se ensina com fórmulas, mas se aprende com exemplos. Por isso, o único "plano de ação" que este livro pode sugerir é que você, leitor, viva como quem sabe que a verdade ainda pode ser amada.

Se há um convite final a ser feito, é este: resista vivendo com profundidade. Não há estratégia mais radical do que permanecer fiel ao que se viu no fundo do coração. Que esta obra não seja uma resposta pronta, mas uma provocação duradoura. Que suscite mais perguntas do que soluções. E que, sobretudo, desperte em você a coragem de viver como quem sabe que a liberdade ainda é possível.

Referências bibliográficas

ACQUAVIVA, Claudio. *Lettera del Nostro Padre Generale Claudio Acquaviva.* Sopra la Rinovatione dello spirito à Padri & Fratelli della Compagnia. Roma, 29/09/1583.

AGOSTINHO, Santo. *A Cidade de Deus (Contra os pagãos)* – Parte II. Tradução: Oscar Paes Leme. Petrópolis: Vozes, 2012. [Título original: *De Civitate Dei.*]

AGOSTINHO, Santo. *Confissões.* Tradução: Maria Luiza Jardim Amarante. São Paulo: Paulus, 1997 (Patrística, 10). [Título original: *Confessiones.*]

ALMEIDA, Padre João Carlos. O arquétipo da Prudência. *Notandum*, n. 11, ano VII, 2004. Disponível em: http://www.hottopos.com/notand11/joaozinho.htm. Acesso em: 8 mar. 2010.

AQUINO, Santo Tomás. *Questões disputadas sobre a Verdade.* Tradução: Maurílio Carmelo. Campinas: Ecclesiae, 2023. [Título original: *Quaestiones Disputatae de Veritate.*]

AQUINO, Santo Tomás. *Suma Teológica.* Tradução: Alexandre Correia. Campinas: Ecclesiae, 2016. v. 3: IIa IIae. [Título original: *Summa Theologiae.*]

AQUINO, Thomae. *Quaestiones Disputatae de Veritate.* Stuttgart-Bad Cannstatt: Frommann-Holzborg, 1980.

BAUMAN, Zygmunt. *Comunidade*: a busca por segurança no mundo atual. Tradução: Plínio Dentzien. Rio de Janeiro: Zahar, 2003. [Título original: *Community* (seeking safety in an insecure world).]

BAUMAN, Zygmunt. *Identidade*: entrevista a Benedetto Vecchi. Tradução: Carlos Alberto Medeiros. Rio de Janeiro: Zahar, 2021. [Título original: *Identity*: conversations with Benedetto Vecchi.]

BAUMAN, Zygmunt. *Modernidade líquida*. Tradução: Plínio Dentzien. Rio de Janeiro: Zahar, 2001. [Título original: *Liquid modernity*.]

BENDA, Julien. *La trahison des clercs*. Paris: Bernard Grasset, 1975.

BERDYAEV, Nikolai. *The problem of man* (Towards the construction of a Christian anthropology). Tradução: Fr. Stephen Janos. 2000. Mimeografado. [Título original: *Problema Cheloveka* (K postroeniiu khristianskoi antropologii).]

BÍBLIA. Português. *Bíblia*. Tradução: Missionários do Imaculado Coração de Maria. São Paulo: Ave-Maria, 2001.

BLOCH, Marc. *Apologia da história, ou o ofício de historiador*. Tradução: André Telles. São Paulo: Zahar, 2002. [Título original: *Apologie pour l'histoire, ou métier d'historien*.]

BRAUDEL, Fernand. *La Méditerranée et le monde méditerranéen à l'époque de Philippe II*. Paris: Armand Colin, 1949.

BUBER, Martin. *Eu e tu*. Tradução: Newton Aquiles von Zuben. São Paulo: Moraes, 1977. [Título original: *Ich und Du*.]

CAMPBELL, Colin. *The romantic ethic and the spirit of modern consumerism*. Oxford: Basil Blackwell, 1987.

CAMPBELL, Joseph. *O herói de mil faces*. Tradução: Adail Ubirajara Sobral. São Paulo: Cultrix, 1997. [Título original: *The hero with a thousand faces*.]

CARDOSO, Armando (org.). *Cartas de Santo Inácio de Loyola*. São Paulo: Loyola, 1990. v. 2.

CASTELNAU-L'ESTOILE, Charlotte. *Les ouvriers d'une vigne stérile*: les jésuites et la conversion des indiens au Brésil. Lisboa: Paris: Centre Culturel Calouste Gulbenkian, 2000.

CERTEAU, Michel de. *A escrita da história*. Tradução: Maria de Lourdes Menezes. São Paulo: Forense Universitária, 2002. [Título original: *L'écriture de l'histoire*.]

CICÉRON, Marcus Tulius. *De l'orateur* – Livre I. Tradução: Edmond Courbaud. Paris: Société d'édition "Les Belles Lettres", 1965. [Título original: *De oratore*.]

CICÉRON, Marcus Tulius. *De l'orateur* – Livre II. Tradução: Edmond Courbaud. Paris: Société d'édition "Les Belles Lettres", 1966. [Título original: *De oratore*.]

CICÉRON, Marcus Tulius. *De l'orateur* – Livre III. Tradução: Edmond Courbaud. Paris: Société d'édition "Les Belles Lettres", 1967. [Título original: *De oratore.*]

CIFUENTES, Rafael Llano. *A maturidade.* São Paulo: Quadrante, 2015.

CLAIRVAUX, Bernard de. *Sermons sur le Cantique.* Tradução: Paul Verdeyen, s.j. e Raffaele Fassetta, o.c.s.o. Paris: Les Éditions du CERF, 2000. t. 3: Sermons 33-50. [Título original: *Sancti Bernardi Opera.*]

CLEMENTE XIV. *Breve del Sommo Pontefice Clemente XIV – Dominus ac Redemptor.* Roma, 21/7/1773. Disponível em: https://www.vatican.va/content/clemens-xiv/it/documents/breve-dominus-ac-redemptor-21-luglio-1773.html. Acesso em: 14 maio 2003.

CLONINGER, Claude Robert. A unified biosocial theory of personality and its role in the development of anxiety states. *Psychiatric Developments*, Oxford, v. 4, n. 3, p. 167-226, 1986.

CLONINGER, Claude Robert. *Feeling good*: the science of well-being. Oxford: Oxford University Press, 2004.

CLONINGER, Claude Robert; SVRAKIC, Dragan; PRZYBECK, Thomas. A psychobiological model of temperament and character. *Archives of General Psychiatry*, Chicago, v. 50, n. 12, p. 975-990, 1993.

COMPAGNIE DE JÉSUS. *Ratio studiorum*: Plan raisonné et institution des études dans la Compagnie de Jésus. Tradução: Léone Albrieux e Dolorès Pralon-Julia. Paris: Belin, 1997. [Título original: *Ratio atque Institutio Studiorum Societatis Iesu.*]

DE, Debasmita; EL JAMAL, Mazen; AYDEMIR, Eda; KHERA, Anika. Social media algorithms and teen addiction: neurophysiological focus. *Cureus*, [*s. l.*]. v. 17, n. 1, jan. 2025. Disponível em: https://www.cell.com/current-biology/fulltext/S0960-9822(24)00995-3. Acesso em: 3 fev. 2025.

DEBORD, Guy. *La société du spectacle.* Paris: Gallimard, 1992.

DEL NOCE, Augusto. *Il suicidio della rivoluzione.* Milano: Rusconi, 1992.

DESCARTES, René. *Discurso do Método.* Tradução: Maria Ermantina Galvão. São Paulo: Martins Fontes, 1996. [Título original: *Discours de la Méthode pour bien conduire as raison, et chercher la vérité dans les sciences.*]

DIAS, Isabella Maldonado; SANCHES, Raquel Cristina Ferrari; BARBOSA, Vanessa Baliego de Andrade. Relação entre uso de mídias sociais e sintomas de ansiedade e depressão em adolescentes. *Contribuciones a las Ciencias Sociales*, Madrid, n. 17, v. 1, p. 8054-8076, jan. 2024.

DOSSE, François. *L'empire du sens*: l'humanisations des sciences sociales. Paris: La Découverte, 1997.

DRESP-LANGLEY, Birgitta. From reward to anhedonia-dopamine function in the global mental health context. *Biomedicines*, v. 11, n. 9, set. 2023. Disponível em: https://www.mdpi.com/2227-9059/11/9/2469. Acesso em: 17 jun. 2024.

EHRENBERG, Alain. *La fatigue d'être soi*. Paris: Odile Jacob, 1998.

FABRO, Cornelio. *Riflessioni sulla libertà*. Segni: Editrice del Verbo Incarnato, 2004.

FEBVRE, Lucien. Face au vent: manifeste des Annales nouvelles. *Annales. Economies, Sociétés, Civilisations*, Paris, ano 1, n. 1, p. 1-8, 1946.

FINKIELKRAUT, Alain. *A humanidade perdida*: ensaio sobre o século XX. Tradução: Pedro Tamen. Lisboa: ASA, 1997. [Título original: *L'humanité perdue*.]

FRANCA, Leonel. *O método pedagógico dos jesuítas*: o *Ratio Studiorum*. Rio de Janeiro: Agir, 1952.

FRANKL, Viktor. *Em busca de sentido*: um psicólogo no campo de concentração. Tradução: Walter O. Schlupp e Carlos C. Aveline. São Leopoldo: Sionodal; Petrópolis: Vozes, 2019b. [Título original: *Man's search for meaning*.]

FRANKL, Viktor. *Psicoterapia e sentido da vida*: fundamentos da logoterapia e análise existencial. Tradução: Alípio Maia de Castro. São Paulo: Quadrante, 2019a. [Título original: *Ärztliche Seelsorge*.]

GARCÍA-MATEO, Rogelio. Fuentes filosófico-teológicas de los ejercicios según el currículum académico de su autor. *In*: PLAZAOLA, Juan (ed.). *Las fuentes de los Ejercicios Espirituales de San Ignacio*. Actas del Simposio Internacional (Loyola, 15-19 septiembre 1997). Bilbao: Ediciones Mensajero, 1998.

GIARD, Luce (org.). *Les jésuites à la Renaissance*: système éducatif et production du savoir. Paris: PUF, 1995.

GIRARD, René. *Achever Clausewitz*. Paris: Carnets Nord, 2008.

GIRARD, René. *Des choses cachées depuis la fondation du monde*. Paris: Grasset, 1978.

GIUSSANI, Luigi. *Alla ricerca del volto umano*. Milano: Rizzoli, 1995.

GIUSSANI, Luigi. *Certi di alcune grandi cose* (1979-1981). Milano: BUR, 2007.

GIUSSANI, Luigi. *Educar é um risco*: como criação de personalidade e de história. Tradução: Neófita Oliveira. Bauru: EdUSC, 2004. [Título original: *Il rischio educativo*.]

GIUSSANI, Luigi. *La densità dell'istante*. Milano: Litterae Communionis-Tracce, 1996.

GIUSSANI, Luigi. *La familiarità con Cristo*: meditazioni sull'anno liturgico. Cinisello Balsamo: San Paolo, 2008.

GIUSSANI, Luigi. *La memoria come avvenimento che accade ora*. Milano, 18 marzo 2001. Mimeografado.

GIUSSANI, Luigi. *La memoria es más grande que el sueño*: apuntes de la tercera lección de Luigi Giussani en los Ejercicios Espirituales de la Fraternidad de Comunión y Liberación. Rímini, 17 de Marzo de 1991. Mimeografado.

GIUSSANI, Luigi. *Na origem da pretensão cristã*: segundo volume do PerCurso. Tradução: Paulo Afonso E. Oliveira. São Paulo: Companhia Ilimitada, 2012. [Título original: *All'origine della pretesa cristiana*.]

GIUSSANI, Luigi. *O senso de Deus e o homem moderno*: a questão humana e a novidade do Cristianismo. Tradução: Durval Cordas. Rio de Janeiro: Nova Fronteira, 1997. [Título original: *Il senso di Dio e l'uomo moderno*.]

GIUSSANI, Luigi. *O senso religioso*. Tradução: Paulo Afonso E. Oliveira. Brasília: Universa, 2009. [Título original: *Il senso religioso*.]

GOULART, Joender Luiz. Os exercícios espirituais de Santo Inácio de Loyola e a sua utilização na contemporaneidade. *Revista Davar Polissêmica*, Belo Horizonte, n. 1, v. 17, p. 243-254, jan.-jun. 2023.

GUERRERO, Markos Klemz. Consciência e discernimento sensíveis: o sentido comum em Tomás de Aquino. *Philósophos*, Goiânia, n. 1, v. 27, p. 1-52, jan.-jun. 2022.

HAN, Byung-Chul. *Infocracia*. Tradução: Gabriel S. Philipson. Rio de Janeiro: Vozes, 2022. [Título original: *Infokratie*.]

HAN, Byung-Chul. *Sociedade do cansaço*. Tradução: Enio Paulo Giachini. Rio de Janeiro: Vozes, 2017. [Título original: *Müdigkeitsgesellschaft*.]

HARTOG, François. *Régimes d'historicité*: présentisme et expérience du temps. Paris: Seuil, 2003.

HORNEY, Karen. *A personalidade neurótica do nosso tempo*. Tradução: Jonathas Ramos de Castro. Campinas: Auster, 2023. [Título original: *The neurotic personality of our time*.]

IVIE, Elizabeth J.; PETTITT, Adam; MOSES, Louis J.; ALLEN, Nicholas B. A meta-analysis of the association between adolescent social media use and depressive symptoms. *Journal of Affective Disorders*, Holanda, n. 275, p. 165-174, jun. 2020.

JAMES, William. *Pragmatism*: a new name for some old ways of thinking. New York: Longmans; London: Green and Co, 1931.

JAYCOX, Lisa H.; MURPHY, Eric R.; ZEHR, Julia L. *et al.* Social media and suicide risk in youth. *JAMA Network Open*, n. 7, v. 10, p. 2441499, out. 2024.

JOÃO PAULO II. *Carta Encíclica* Fides et Ratio, *aos Bispos da Igreja Católica sobre as relações entre fé e razão*. Roma, 14/09/1998. Disponível em: https://

www.vatican.va/content/john-paul-ii/pt/encyclicals/documents/hf_jp-ii_enc_14091998_fides-et-ratio.html. Acesso em: 14 maio 2000.

JUNG, Carl Gustav. *O eu e o inconsciente*. Tradução: Dora Ferreira da Silva. Petrópolis: Vozes, 2014. [Título original: *Zwei Schriften über Analytische Psychologie*.]

KAHNEMAN, Daniel. *Thinking, fast and slow*. New York: Farrar, Straus and Giroux, 2011.

KELES, Betul; McCRAE, Niall; GREALISH, Annmarie. A systematic review: the influence of social media on depression, anxiety and psychological distress in adolescents. *International Journal of Adolescence and Youth*, Reino Unido, n. 25, v. 1, p. 79-93, mar. 2019.

KOSELLECK, Reinhart. *Le futur passé*: contribution à la sémantique des temps historiques. Tradução: Jochen Hoock e Marie-Claire Hoock. Paris: Editions de l'EHESS, 2000. [Título original: *Vergangene Zukunft*. Zur Semantik geschichtlicher Zeiten.]

LE GOFF, Jacques. *Pour un autre Moyen Âge*: temps, travail et culture en Occident. Paris: Gallimard, 1977.

LIÃO, Santo Irineu. *Contra as Heresias*: denúncia e refutação da falsa gnose. Tradução: Lourenço Costa. São Paulo: Paulus (Coleção Patrística, v. 4), 1995. [Título original: ἔλεγχος και ανατροπή της ψευδωνύμου γνώσεως (Élenchos kai Anatropè tês Pseudōnúmou Gnóseos).]

ŁOBACZEWSKI, Andrew. *Ponerologia*: psicopatas no poder. Tradução: Adelice Godoy. Campinas: Vide Editorial, 2014. [Título original: *Political Ponerology*: a science on the nature of evil adjusted for political purposes.]

LONGO, Nicola. De epistola contenda: l'arte di "componer lettere" nel Cinquecento. *In*: QUONDAM, Amedeo (org.). *Le "carte messaggiere"*: retorica e modelli di comunicazione epistolare – per um indice dei libri di lettere del Cinquecento. Roma: Bulzoni Editor, 1981.

LOPES, Raíssa Suena Soares. *Discernimento inaciano*: a liberdade humana respondendo a Deus. 2015. 109 f. Dissertação (Mestrado em Teologia) – Programa de Pós-Graduação em Teologia, Centro de Teologia e Ciências Humanas, Pontifícia Universidade Católica, Rio de Janeiro, 2015.

LOYOLA, Ignace de. *Écrits*. Paris: Desclée de Brouwer, 1991.

LOYOLA, Santo Inácio de. *Exercícios Espirituais*. Tradução: Joaquim F. Pereira. São Paulo: Loyola, 1997.

MARÍAS, Julían. *A intensidade da vida como critério moral*. Tradução: Paulo Roberto de Andrada Pacheco. Belo Horizonte, 2024. Mimeografado.

[Título original: *La intensidad de la vida como criterio moral.* Conferencia pronunciada el 28 de Febrero de 1995.]

MARÍAS, Julían. *Liberdade e responsabilidade.* Tradução: Jean Lauand. Disponível em: http://www.hottopos.com/harvard2/liberdade_e_responsabilidade.htm. Acesso em: 27 out. 2003.

MARÍAS, Julían. *Mapa do mundo pessoal.* Tradução: Felipe Denardi. Campinas: Auster, 2021. [Título original: *Mapa del mundo personal.*]

MARÍAS, Julían. *Persona.* Madrid: Alianza Editorial, 1997.

MASSIMI, Marina. *História dos saberes psicológicos.* São Paulo: Paulus, 2016.

MASSIMI, Marina. Identidade, tempo, profecia na visão de Padre Antônio Vieira. *Memorandum: Memória e História em Psicologia*, v. 1, p. 13-32, 2001. Disponível em: https://periodicos.ufmg.br/index.php/memorandum/article/view/6830. Acesso em: 11 fev. 2003.

MINKOWSKI, Eugène. *Le temps vécu*: études phénoménologiques et psychopathologiques. Paris: PUF, 1995.

O'MALLEY, John. W. *I primi gesuiti.* Tradução: Alberto Schena. Milano: Vita e Pensiero, 1999b. [Título original: *The first Jesuits.*]

O'MALLEY, John W. *The Jesuits*: culture, sciences and the arts. 1540-1773. Toronto: University of Toronto Press, 1999a.

ORTEGA Y GASSET, José. *A rebelião das massas.* Tradução: Felipe Denardi. Campinas: Vide Editorial, 2016. [Título original: *La rebelión de las masas.*]

ORWELL, George. *1984.* Tradução: Alexandre Hubner e Heloísa Jahn. São Paulo: Companhia das Letras, 2009. [Título original: *1984.*]

PACHECO, Paulo Roberto de Andrada. Aspectos da pedagogia dos missionários jesuítas no Brasil colonial. *In*: BINGEMER, Maria Clara Luchetti; NEUTZLING, Inácio; MAC DOWELL, John (org.). *A globalização e os jesuítas*: origens, história e impactos – Anais do Seminário Internacional. São Paulo: Loyola, 2007. v. II. p. 313-342.

PACHECO, Paulo Roberto de Andrada. *Liberdade e indiferença*: a "experiência-modelo" jesuítica em cartas de jovens *indipetentes* espanhóis dos séculos XVI-XVII. 2004. 359 f. Tese (Doutorado em Ciências) – Programa de Pós-Graduação em Psicologia, Departamento de Psicologia e Educação, FFCLRP, Universidade de São Paulo, Ribeirão Preto, 2004.

PALENCIA, Luz Stella Angarita. Inácio de Loyola exercita o homem moderno. *Perspectiva Teológica*, Belo Horizonte, n. 130, v. 46, p. 433-453, set.-dez. 2014.

PÉCORA, Alcir. Cartas à Segunda Escolástica. *In*: NOVAES, Adauto (org.). *A outra margem do Ocidente.* São Paulo: Companhia das Letras, 1999.

PÉCORA, Alcir. *Máquina de gêneros*: novamente descoberta e aplicada a Castiglione, Della Casa, Nóbrega, Camões, Vieira, La Rochefoucauld, Gonzaga, Silva Alvarenga e Bocage. São Paulo: Edusp, 2001.

PERLIS, Roy H.; USLU, Ata; SCHULMAN, Jonathan *et al.* Irritability and social media use in US adults. *JAMA Network Open*, n. 8, v. 1, p. 2452807, jan. 2025.

PESSOA, Fernando. *Mensagem*. São Paulo: Companhia das Letras, 1998.

PIEPER, Josef. *Abuse of language, abuse of power*. San Francisco: Ignatius Press, 1992.

PIEPER, Josef. *Virtudes fundamentais*: as virtudes cardeais e teologais. Tradução: Paulo Roberto de Andrada Pacheco, Beckert da Assumpção Narino e Silva. São Paulo: Cultor de Livros, 2023. [Título original: *Über die Tugenden*.]

PIO VII. *Bolla Sollicitudo omnium*. Roma, 07/08/1814. Disponível em: https://www.vatican.va/content/pius-vii/pt/documents/bolla-sollicitudo-omnium-7-agosto-1814.html. Acesso em: 14 maio 2003.

PÔNTICO, Evágrio. *Tratado prático ou O monge*. Tradução e comentários: Hieroschemamonk Gabriel Bunge. [*S. d.*]. Mimeografado.

QUINTÁS, Alfonso López. *La palabra manipulada*. Madrid: Rialp, 2015.

RAFFO, Giuliano (org). *La "Ratio studiorum"*: il metodo degli studi umanistici nel collegi dei gesuiti alla fine de secolo XVI. Milano: Gesuiti San Fedele, 1989.

RATZINGER, Joseph. *Fé, Verdade, Tolerância*: o Cristianismo e as grandes religiões do mundo. Tradução: Sivar Hoeppner Ferreira. São Paulo: Instituto Brasileiro de Filosofia e Ciência "Raimundo Lúlio", 2007. [Título original: *Glaube, Wahrheit, Toleranz*.]

RATZINGER, Joseph. *Introdução ao Cristianismo:* Preleções sobre o Símbolo Apostólico. Tradução: Alfred J. Keller. São Paulo: Loyola, 2005. [Título original: *Einführung in das Christentum* – Vorlesungen über das Apostolische Glaubensbekenntnis.]

SAFRA, Gilberto. *A po-ética na clínica contemporânea*. Aparecida: Ideias & Letras, 2004.

SÃO VÍTOR, Hugo. *Didascalicon*: sobre a arte de ler. Tradução: Roger Campanhari. Campinas: Kirion, 2018. [Título original: *Didascalicon de studio legendi*.]

SARTRE, Jean-Paul. *L'être et le néant*: essai d'ontologie phénoménologique. Paris: Gallimard, 1976.

SERTILLANGES, Antonin-Dalmace. *A vida intelectual:* seu espírito, suas condições, seus métodos. Tradução: Roberto Mallet. Campinas: Kirion,

2019. [Título original: *La vie intelectuelle*; son esprit, ses conditions, ses méthodes.]

SHANNON, Holly; BUSH, Katie; VILLENEUVE, Paul J.; HELLEMANS, Kim G. C.; GUIMOND, Synthia. Problematic social media use in adolescents and young adults: systematic review and meta-analysis. *JMIR Mental Health*, Canadá, n. 4, v. 9, p. 33450, abr. 2022.

SHARPE, Benjamin T.; SPOONER, Rylee A. Dopamine-scrolling: a modern public health challenge requiring urgent attention. *Perspectives in Public Health*, [*s. l.*], p. online ahead of print, 12/04/2025.

SHAW, Enrique. Ética do *marketing* e sua projeção social. *Revista del Instituto Argentino de Dirección de Empresa* (IADE), ano XIV, n. 132, fev. 1962. Tradução: Lucas Lastória. Disponível em: https://enriqueshawbr.wordpress.com/2024/01/22/etica-do-marketing-e-sua-projecao-social/. Acesso em: 3 out. 2023.

SOKOLOWSKI, Robert. *Introdução à fenomenologia*. Tradução: Alfredo de Oliveira Moraes. São Paulo: Loyola, 2012. [Título original: *Introduction in phenomenology*.]

STEIN, Edith. Contribuciones a la fundamentación filosófica de la psicología y de las ciencias del espíritu. *In*: STEIN, Edith. *Obras completas*. Vitoria: El Carmen; Madrid: Ed. Espiritualidad; Burgos: Monte Carmelo, 2002. v. 2: Escritos filosóficos – etapa fenomenológica. p. 207-522.

STEIN, Edith. Estructura de la persona humana. *In*: STEIN, Edith. *Obras completas*. Vitoria: El Carmen; Madrid: Ed. Espiritualidad; Burgos: Monte Carmelo, 2003a. v. 4: Escritos antropológicos y pedagógicos. p. 555-752.

STEIN, Edith. *Introduzione alla filosofia*. Tradução: Anna Maria Pezzella. Roma: Città Nuova Editrice, 2001. [Título original: *Einführung in die Philosophie*.]

STEIN, Edith. La colaboración de los centros conventuales en la formación religiosa de la juventud. *In*: STEIN, Edith. *Obras completas*. Vitoria: El Carmen; Madrid: Ed. Espiritualidad; Burgos: Monte Carmelo, 2003b. v. 4: Escritos antropológicos y pedagógicos. p. 111-125.

STEIN, Edith. *Sobre el problema de la empatía*. Tradução: José Luis Caballero Bono. Madrid: Editorial Trotta, 2004. [Título original: *Zum Problem der Einfühlung*.]

TAYLOR, Charles. *A ética da autenticidade*. Tradução: Talyta Carvalho. São Paulo: É Realizações, 2013. [Título original: *The ethics of authenticity*.]

TIN, Emerson. *"Familiar del Universo"*: arte epistolar e lugar-comum nas cartas familiares (1664) de D. Francisco Manuel de Melo. 2003. 167 f. Dissertação (Mestrado em Teoria e História Literária) – Curso de Teoria Literária, Instituto de Estudos da Linguagem, Universidade Estadual de Campinas, 2003.

VAN DEN BERG, Jan Hendrik. *O paciente psiquiátrico*: esboço de psicopatologia fenomenológica. Tradução: Leonardo van Acker. Campinas: Editora Psy, 1999. [Título original: *De Psychiatrishe Patient*: Kleine Algemene Psychopathologie Grondslag.]

VIDAL, Carol; LHAKSAMPA, Tenzin; MILLER, Leslie; PLATT, Rheanna. Social media use and depression in adolescents: a scoping review. *International Review of Psychiatry*, London, v. 3, n. 32, p. 235-253, fev. 2020.

VIEIRA, Padre António. Sermão da Terceira Dominga da Quaresma. *In*: VIEIRA, Padre António. *Obra completa Padre António Vieira*: São Paulo: Loyola, 2015. t. II: Parenética. v. III: Sermões da Quaresma.

VOVELLE, Michel. *Imagens e imaginário na História*: fantasmas e certezas nas mentalidades desde a Idade Média até o século XX. Tradução: Maria Júlia Goldwasser. São Paulo: Ática, 1997. [Título original: *Immagini e immaginario nella storia*: fantasmi e certezze nelle mentalità dal medioevo al Novecento.]

WEBER, Max. *A ética protestante e o "espírito" do capitalismo*. Tradução: José Marcos Mariani de Macedo. São Paulo: Companhia das Letras, 2004. [Título original: *Die protestantische Ethik und der "Geist" des Kapitalismus*.]

WEIL, Simone. *Gravity and Grace*. Tradução: Emma Crawford e Mario von der Ruhr. London: New York: Routledge, 1999. [Título original: *La pesanteur et la grâce*.]

WEIL, Simone. *O enraizamento*. Tradução: Maria Leonor Loureiro. Bauru: EdUSC, 2011. [Título original: *L'enracinement*.]

WILDE, Oscar. *O retrato de Dorian Gray*. Tradução: João Paulo Emílio Cristóvão dos Santos Coelho Barreto. Novo Hamburgo: Clube de Literatura Clássica, 2021. [Título original: *The picture of Dorian Gray*.]

YATES, Frances. *L'art de la mémoire*. Tradução: Daniel Arasse. Paris: Gallimard, 1975. [Título original: *The art of memory*.]

ZUBOFF, Shoshana. *The age of surveillance capitalism*: the fight for a human future at the new frontier of power. New York: PublicAffairs, 2019.